ブックレット・ボーダーズ
No.11

ダークツーリズムを超えて

——北海道と九州を結ぶ

山田 良介 編著

特定非営利活動法人 国境地域研究センター

ブックレット発刊によせて

二〇一四年四月、総合的なボーダースタディーズ（境界・国境研究）の振興を目的とした民間の研究所として特定非営利活動法人・国境地域研究センター（ＪＣＢＳ：Japan Center for Borderlands Studies）が誕生しました。世界では、北米を本拠とする境界地域研究学会（Association for Borderlands Studies）、移行期の境界地域ネットワーク（Border Regions in Transition）などの活動が知られてきましたが、我が国には北海道大学グローバルＣＯＥプログラム「境界研究の拠点形成」が始動するまでボーダースタディーズのコミュニティは存在しませんでした。これは海に囲まれた島国・日本に暮らす私たちが境界・国境の問題に長年、無自覚であり、いわば内向きの歴史を積み重ねてきたこととも無縁ではありません。

近年、国際情勢の変動のもと、私たちの意識も大きく変わりつつあります。二〇一一年一一月には、境界・国境地域の実務者と研究機関を結ぶ境界地域研究ネットワークＪＡＰＡＮ（ＪＩＢＳＮ：Japan International Border Studies Network）が設立、また二〇一三年四月、北海道大学スラブ研究センター（当時）に境界研究ユニット（ＵＢＲＪ：Eurasia Border Research Unit, Japan）が設置されるなど、大学・自治体間の連携が強まっています。我が国の将来を見据えたときに、境界・国境問題に対する世界的な研究・実務の経験を学ぶこと、これら知見をもとに私たち自身の境界問題を考えること、さらには境界地域に暮らす人々の目線で地域の発展を模索すること、これらすべてが喫緊の課題になっていると思われます。境界をめぐる様々な問題に関する視座と知識の涵養のため、国境地域研究センターはブックレット・ボーダーズをここに刊行することにしました。本ブックレットがひとりでも多くのみなさんに境界地域のあるがままの姿やその未来への可能性をお届けできる一助になれば私たちの喜びとなります。

国境地域研究センター・ブックレット編集委員会

目次

はしがき

ブックレット・ボーダーズも第11号となった。十年は一昔。ブックレットの刊行を柱の一つとする、この国境地域研究センターも振り返れば、設立直後から、いろいろなことがあった。解散した方がいいと思うような危機も何度かあった。これらを乗り越えて今日まで続いているのは、このNPOが社会に必要とされているからなのだろう。そしてその危機のとき、センターを救うべく奮闘された、設立時の薮野祐三《やぶのゆうぞう》元理事長と、これを継いだ木村崇《きむらたかし》前理事長のお二人の貢献には感謝の言葉が尽きない。その木村前理事長が二〇二四年四月に急逝されたことはセンターにとっての世代交代を考えるときが近づいているのだと実感している。

さてセンターの活動が広がったのは、国境地域を旅することを主眼とした、ボーダーツーリズムの提唱によるところが大きい。ボーダーを旅する試みは、社会的ブームを起こすほどではないが、着実にすそ野を広げている。学界でもボーダースタディーズという言葉がいまやしっかり定着したと言える。これから先、私たちはどこへどのように向かうのか、ブックレット・ボーダーズが、単なる国境探訪の旅を描くだけのものではなく、様々な社会の境界、光と闇が交わる人びとの営みそのものを描くシリーズと成長しつつあることを実感させるのが、今号である。

それがどこであれ、国境という名のついた地域を訪れて、私たちがすぐに気が付くことは、ここが軍事や安全保障の最前線であるとともに、交流の現場でもあるという特徴の二面性である。ボーダースタディーズではこれを「砦」と「ゲートウェイ」と表現する。地域は、隣国との緊張が強い時代には「砦」、平和で交流が営める時代には「ゲートウェイ」となる。軍事や紛争に関わる遺跡や施設は「闇」かもしれない。だが交流が地域の「光」を支えるものだとすれば、ボーダースタディーズはその両面を見ることから始まる。私たちの旅は戦跡や被災地、死や暴力にまつわる場所を訪れても、どこかで光を探す道をつくることができる。

他方で、いま流行のダークツーリズムは、通常、闇のみを追い求める。虐殺や戦争の現場を訪れて歴史を学び、侵略者を非難し、犠牲者に寄り添い、人類の愚行を反省する。その試みは素晴らしいが、反省したところで歴史が変わるわけでもなく、未来にその反省が果たして生きるのかは不確実だ。多くの場合、旅のあとはただブルーになるしかない。

そのようなダークツーリズムのなかに光を見いだすことはできないのか。このブックレットは、ボーダーツーリズムを企画してきた中堅の研究者たちの活動のなかから生まれた企画である。たまたま九州と北海道を繋ぐ縁があり、その二つの地域に跨る「ダーク」とされるものを掘り起こし、その闇の先を考えてみようと思い立った。

九州と北海道を結ぶもの。端的に考えれば、それは近代化を支える労働や資源の「供給源」となったことだろう。明治維新により、開拓が急がれた北海道。そこでは囚人たちが労働の担い手となった。囚人は使い捨て。死んでもかまわない労働力だからと酷使される。北海道では、開拓使がもてはやされるが、彼らが生活できる環境を最初につくったのは囚人たちだ。そして囚人労働は九州でも行われた。

道路建設、炭鉱での囚人労働の過酷さから、これが禁止されると、いわゆる「タコ労働」と呼ばれる労働者の「囲い込み」が始まる。甘言につられ、「監獄部屋」に入れられ、強制的に働かされたその実態は、ある意味、囚人労働以上に過酷であったとも言える。

本人の意思にかかわらない、いわゆる、強いられた労働は、やがて外国人にも広がる。朝鮮人、中国人の多数の人が犠牲になっていく。北海道と九州にはこれに関わる記録と記憶がやまのようにある。とくに炭鉱。この現場こそ、近代化の闇の底だ。

かくて私たちの旅は、ダーク一色となり、闇の向こうになかなか光は見えない。これに対して、なんとか光を見出そうとする人たちもいる。炭鉱や近代化を「世界遺産」として輝くものとし、ひいてはこれを地域の観光の起爆剤としたいとするのがそれだ。だがその多くは闇をなかったことにするか、可能な限り、消し去ろうとする。ダークツーリズムのもつ「自虐」はもう十分だと。

私たちは、闇を隠して、ことさら光を強調しようとする昨今の風潮には違和感をもつ。歴史の事実から目をそらすことは未来に対して同じ轍を踏みかねないからだ。「戦争だから仕方がない」。「あの時代はみなそうだった」。「強制労働などなかった」。当時の理屈を駆使して、そう言い放つことは簡単だろう。「緊急の場合、すなわち戦争の場合において強要された労務」を強制労働と言わないとした政府答弁などその典型である（二〇二一年四月二七日）。でも、あなたが自分の意思に反して、逃げ場のない状況で働かされた当事者だったら、同じことが言えるのだろうか。

他方で闇ばかりを強調するダークツーリズムのあり方にもうんざりである。では闇をきちんと正視しながら、それを乗り越え（られなくても、少なくとも忘れることなく）、未来にむけて光を探すためにはどうしたらいいのだろうか。

本ブックレットはそのような問題意識から編まれたものである。残念ながら、私たちにもその答えは明確に見えてこない。にもかかわらず、闇のなかで身もだえしながら、光を探すその道筋を通じてしか、出口はないのだと思う。

このような問題意識から、研究者だけではなく、北海道と九州の「闇」と「光」の現場で試行錯誤を続ける学芸員の方々にも寄稿いただいた。本ブックレットの各執筆者はみな近代化の描き方や展示のあり方に共通した見解をもっているわけではなく、むしろ、ばらばらでさえある。そのばらばらさこそが、真っ暗であれ、真っ青であれ、一色に塗り固めない歴史との対話のなかで意味があるものだと私は考える。

ボーダースタディーズとは、一色にされた境界地域のなかに様々な本来の色を見出し、それを再現していこうとする学問でもある。ダークのなかの様々な彩りを本ブックレットが少しでも描けていたら、と願っている。

（岩下　明裕）

※本書は、北海道大学スラブ・ユーラシア研究センターによる共同利用・共同研究事業（共同研究班）の「サハリン・北海道・北部九州・韓国（朝鮮半島）をつなぐダークツーリズム」（令和四年度　代表 山田良介）の研究成果の一部である。なお、本書に掲載された写真はとくに断りのないものは、執筆者による撮影、もしくは提供されたものである。また、表記については読みやすさを重視し、一部、統一していないことをお断りしておく。

北海道と九州の主な炭田

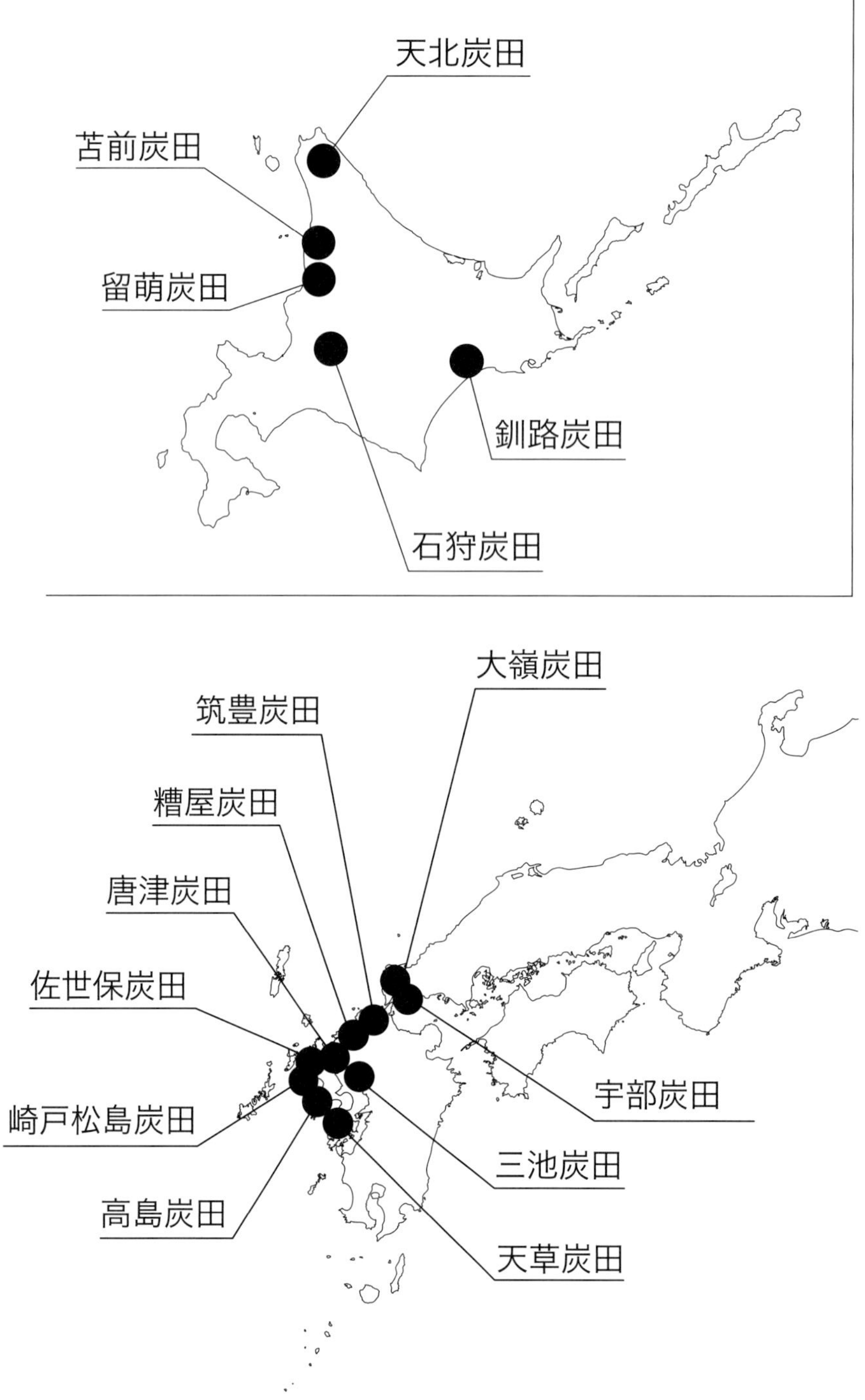

Ⅰ　北海道の深淵を旅する

北海道の「暗い」旅？

北海道の旅行・観光と聞いて、どのようなイメージを持たれるだろうか。雄大な自然、幻想的な風景、バラエティに富む食べ物、スキーやスノーボードといったアクティビティ、選ぶのに迷うほどのお土産。日常の喧噪とは正反対の、美しくキラキラした明るいイメージだろう。未踏の読者にとって北海道は憧れの地に違いない。学生時代から一三年間、札幌に住んでいた筆者にとってもいまだに憧れの観光地だ。

しかし、一般的な「明るい」観光とは真逆のかたちで旅することもできる。北海道の各所に「暗い過去」が眠っているからだ。近年、戦争や災害の跡、人々の死や苦しみ、悲劇の場を巡る旅として、ダークツーリズムが提唱されている。これは一九九〇年代に英国で提唱され始めたもので、地域の負の記憶、歴史の影や闇を（も）見ることで、地域の悲しみの継承と学びを目的とするものである。日本では、広島の原爆ドームや沖縄のひめゆりの塔、東日本大震災の被災地を巡る旅、海外ではナチスによるユダヤ人迫害（ホロコースト）の象徴だったアウシュヴィッツ＝ビルケナウが知られている。道内でも近年、注目が高まり、二〇二二年には北海道中央バスが、道内の戦争遺構や集治監《しゅうちかん》、炭鉱跡などを巡る「ダークツアー」を企画し、好評だった。

近代日本の「周辺／境界地域」として、北海道は九州とともに、資源開発と国防の最前線となった。とくに北海道は、明治に入り本格化する開拓のプロセスのなかで先住民たるアイヌ民族に多くの苦しみをもたらす一方、本土から様々な人々を移住者として迎えてきた。明治維新で失業した士族団や屯田兵《とんでんへい》を始めとした移住者たちが、南下するロシアに対する国防と北海道開拓を命懸けで担った。そして、日本の近代化を支えた炭鉱や鉱山などの資源開発には多くの囚人や外国人が労働者として動員され、無惨な死を遂げていった。現在の「明るい」北海道の背後には、膨大な「暗い過去」がある。そのことに思いを馳せれば、より立体的に、より深く、北海道を感じることができると思う。

このことを現場で考えるために、二〇二二年九月、本ブックレットの執筆者らは約一週間の北海道調査（珍道中？）に出かけた。北海道は大きい。面積でいえば七県ある九州全体の約二倍。「ほっかいどうはでっかいどう」というのも冗談ではなく事実だ。ダークツーリズムを考えるために全道を廻るには数カ月が必要だろう。一週間で見られるものは限られている。本書は北海道ダークツーリズムのほんの一部に過ぎない。

夕張《ゆうばり》―財政破綻と自虐？

道外から北海道に観光で訪れる人々のほとんどは空路を選ぶ。空路の玄関口、新千歳空港から旅を始めよう。普通は、ＪＲ快速エアポートで札幌に向かうのだろうが、空港からレンタカーを利用して近くを廻ってみる。

空港から車で一時間ほど走ると夕張市に到着する。夕張といえば、メロンの産地として有名だが、これもダークツーリズムの観光コンテンツの一つだ。

一八八八（明治二一）年に未開の山間の地である夕張で炭鉱が発見されてから、夕張は良質豊富な石炭を供給する国内有数の石炭のまちとして発展してきた。日本中から労働者が集まり、最盛期の一九六〇（昭和三五）年には一二万人を超える「炭都《たんと》」として栄えた。しかし、安価な輸入石炭の影響と石油へのエネルギー転換、多くの炭鉱事故が原因となり、国の関与もむなしく競争力を失い、次々と炭鉱が閉山していく。まちが衰退するなか、石炭なき後の夕張のまちを支えたものの一つが「夕張メロン」である。もともと夕張は火山灰質の山間地で、風土にあう農産物が限られていたが、地元農家の涙ぐましい努力で改良に改良を重ね、全国ブランドの地位を確立した。甘くて美味しいメロンは夕張のまちの光と影の象徴である。

ゆうばりの元祖キャラクター
炭鉱で働く「ゆうちゃん」

炭鉱の閉山を受け、夕張を支えるべく期待されたのが観光だった。市としてはこれまでの暗いイメージも一新したかったのだろう。市の第三セクターとして大型遊園地やホテル、スキー場などの施設が建設されていった。とはいえ、どの事業も赤字が続きうまくいかない。最大の問題は、市が炭鉱会社（北海道炭礦《たんこう》鉄道、略称は北炭）の施設をほぼすべて買い取ったことで膨らんだ財政赤字。その老朽化した住宅の多くが放置され、それを解体し集約していくコンパクトシティ構想も難航。二〇〇七年、夕張は財政再建団体に指定され財政破綻した。その後、借金返済のために行政サービスが大幅に削られて人口が流出し、現在は七千人を割り込んでいる。いわば、炭鉱会社による、まちの使い捨てとも言える状況が、次に述べるように、他の炭鉱跡地と際立つ違いを夕張にもたらしたと言える。

夕張市内に入ると、かつての栄光と現在の衰退ぶりが目に入ってくる。JR夕張駅は石勝線《せきしょうせん》夕張支線の廃線とともに二〇一九年四月に廃止された。夕張支線は夕張の石炭を運搬するために一八九二（明治二五）年に開業したが、炭鉱の閉山とともに利用客が大きく減少し、二〇一六年当時に市長だった鈴木直道《すずきなおみち》氏（現・北海道知事）が主導して自治体（夕張市）側からJR北海道に廃線を申し入れる「攻めの廃線」を行ったことで注目された。

旧夕張駅の隣にはスキー場と豪華なリゾートホテルが見えるが、利用客の減少で休業と売却、再開を繰り返している。まちには人気がなく、車も時折すれ違う程度である。朽ち果てた建物や空き地が目立ち、市役所前の風景は廃墟に近い。なんとなくだが、我々もだんだんと「暗い」気持ちになってくる。

さらに奥地へ車を走らせると、「夕張希望の丘」と書かれた煙突とともに夕張市石炭博物館が見えてくる。かつてのテーマパーク「石炭の歴史村」の中核施設として、既存の建物を改修し、一九八〇（昭和五五）年に開館した博物館だ。建物の外観は古めかしいが、中の展示室は現代的なパネル展示となっており、夕張の炭鉱の歴史が非常に分かりやすく解説されておりお勧めだ。外国人労働に関する記述があったと思われるパネルが「更新作業中」となっていた以外は、とくに違和感はない。「炭都」と呼ばれた時代の街の風景や人々の生活の様子が写真や映像で紹介されているほか、当時の生活品なども展示されている（五三頁コラム参照）。

一方で、展示室の入口と出口付近では、「財政破綻」「ヤミ起債」「全国最低の行政サービス」「全国最高の市民負担」など、炭鉱閉山後に夕張が辿ってきた負の歴史をやや自虐的に描いている。ぜひ実際に訪れて考えてみてほしい。

立坑《たてこう》ケージを模したエレベーターで地下展示室に下りると、炭鉱での労働の様子や坑内で使用されていた機械・器具などが展示されている。作業をするマネキンは一九八〇年当時からほとんど変わっておらず、リアルで「怖さ」を感じるほどである。

地下展示室では、採炭《さいたん》ドラムカッターとチェーンコンベアが動くところも見学できる。スタッフの方が炭鉱で実際に働かれており、当時の作業の様子を誇らしげに語っていた。「暗い」夕張とはいえ、炭鉱のまちとして栄えた光を少しでも「記憶」したいのだろう。

岩見沢《いわみざわ》――「明るい炭鉱」？

夕張から車で一時間ほど走り、ＪＲ岩見沢駅前にある「そらち炭鉱の記憶マネジメントセンター」に立ち寄ってみた。ここには夕張市石炭博物館を指定管理するＮＰＯ法人炭鉱の記憶推進事業団があり、夕張を始め空知《そらち》の炭鉱遺産や地域情報が提供されている。道内の炭鉱遺産に関する資料、書籍、写真集に加え、「そらち石炭かりんとう」などお土産の販売を行っていたこともあり、空知の炭鉱コンシェルジュの役割も果たす。専門スタッフが常駐しているのも嬉しい。

ＮＰＯ法人代表の吉岡宏高《よしおかひろたか》さんが二〇二一年一月にお亡くなりになった。私たちがセンターを訪問した直後のことだ。地域の観光まちづくりに尽力されてきた吉岡さんは、自著『明るい炭鉱』（創元社）のなかでいう。空知が「炭鉱の暗い過去を払拭する」というスローガンのもと、自らの歴史を否定して覆い隠し、テーマパークやホテルなど補助金を使った観光開発によって「表面だけの明るさ」を求めた結果が現在の衰退だ。炭鉱の記憶を呼び起こし地域の誇りの回復を通じて、これを観光資源とし持続可能な地域再生を目指すことがいま求められている。「己の過去から逃れることはできない」と。

他方で、「明るい炭鉱」とは、暗さを強調すれば観光客は集まらないとの考えにたつものであり、「暗さ」を排除して炭鉱の本質を語れるのかと疑義を呈する声もある（長谷川「日本遺産『炭鉄港』を教育でどう生かすか」）。吉岡さん自身、光と闇の狭間で悩んでおられたのではなかろうか。

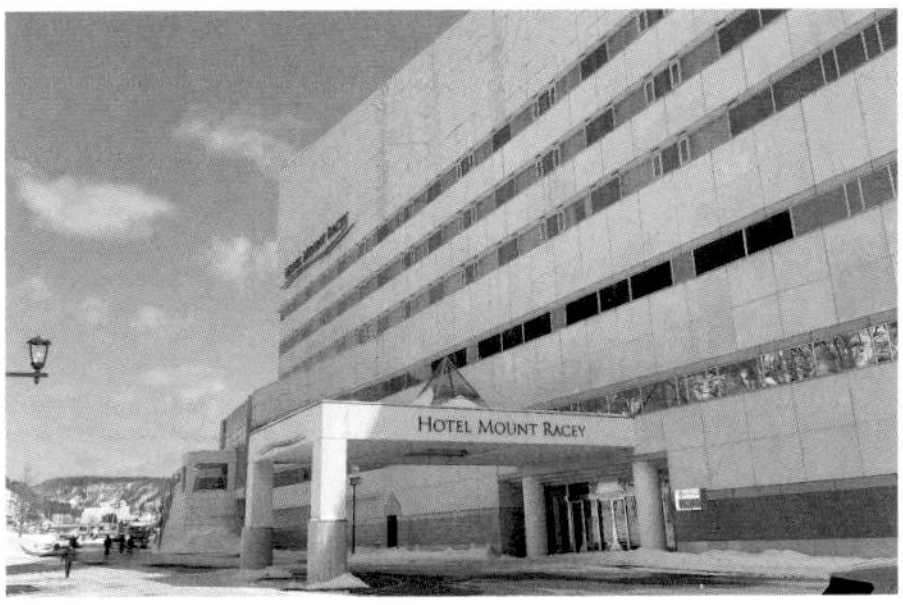

閉鎖中の夕張のホテル

さて「明るい」と言えば、岩見沢駅の北側、北炭旧岩見沢工場（岩見沢レールセンター）も必見だ。空知の石炭を小樽の港まで運ぶべく、新橋《しんばし》～横浜《よこはま》間の鉄道開業からわずか一〇年後の一八八二（明治一五）年、小樽《おたる》～幌内《ほろない》間で炭鉱鉄道が敷設された。その車両製造と修理のために一八九九（明治三二）年に建築された施設がこれである。日本遺産「炭鉄港」の構成遺産でもあり、内部見学はできないものの、現在もJRレールセンターとして業務に使用されている。ダークな遺産とも言えるが、百年以上前に建築された壮観なレンガ造りの建物は、闇の一言では片づけられない国家プロジェクトの壮大さが感じられる。

ところで夕張から栗山《くりやま》を抜けて岩見沢へ向かうと、道道三八号線の右手に巨大な観覧車が見えてくる。岩見沢市にある道最大級の遊園地「北海道グリーンランド」。三井鉱山の子会社が三井美唄《びばい》炭鉱の跡地活用として美唄での遊園地建設を検討していた折、岩見沢が手を挙げて一九八七（昭和六二）年に市内に建設されたものだ。二〇〇七年までの名称は「三井グリーンランド」。そう、熊本県荒尾市《くまもとけんあらおし》にあった九州最大級の遊園地「三井グリーンランド」と同じ名前（二〇〇七年に「グリーンランド」に名称変更）。このグリーンランドもまた三井三池炭鉱を有する三井鉱山が手掛けたもので、どちらのCMもエンディングコールは同じだった。「炭鉱」「遊園地」というキーワードで北海道と九州は繋がっている。思えば、夕張も「バリバリ夕張」のCMに見られるように、遊園地で観光をつくろうとしていた。

岩見沢レールセンター

三井グリーンランド（現北海道グリーンランド）

北見《きたみ》と網走《あばしり》――「囚人」労働

札幌から遠いオホーツク、北見と網走にも国防と開拓にまつわる悲しみが眠っている。まずは「囚人労働」の歴史である。欧米列強に対抗すべく近代国家建設を急いでいた明治政府にとって、不凍港を求めて南下するロシアの脅威から日本を守るためにはオホーツク沿岸地域の開拓は急務となった。そのためには何より、人とモノを運ぶ道路の建設が必要だった。

そこで明治初期の混乱期に発生した大量の「罪人」が開拓の労働力として北海道に送り込まれ、「囚人」として強制的に働かされることになる。とくに、網走から北見峠にかけての網走道路（北見道路、中央道路ともいう）の開削では、一二〇〇名もの囚人が網走に集められ、逃亡を防ぐため囚人は二人ずつ鉄の鎖でつながれながら連日昼夜兼行で重労働に従事した。一八九一（明治二四）年五月に始まった開削作業はわずか八カ月間で北見峠―白滝《しらたき》―網走間の一六三キロメートル区間を完成させたが、過酷な重労働ゆえに栄養失調や病気、ケガ、逃亡を企てて殺害されるなどの犠牲者が二百名以上に上ったと言われている。死んだ囚人たちはそのまま現場で捨てられたり、後で仲間の囚人たちによって土を盛って埋葬されたと言われる。墓標の目印としてそばに置かれた鉄の鎖が発掘されたことから、囚人の墓はいつしか「鎖塚《くさりづか》」と呼ばれるようになる。網走道路沿いにはこのような囚人墓が点在している。

北見・網走の囚人労働の慰霊の旅は、空路での女満別《めまんべつ》空港から始まる。女満別空港は冬期にも強く、流氷見物や博物館が充実し、温泉もある網走近辺は北海道でも数少ない冬場の観光の中心地でもある。ただ札幌からレンタカーで向かうと五時間以上もかかるし、とくに冬場は積雪と凍結があり、お勧めできない。車で廻るなら、六月から九月にかけての時期がベストだ。

女満別空港着陸直前に窓から見える田園風景が素晴らしい。ジャガイモや小麦などの畑がどこまでも続く。美しい土地に埋められた「悲しみ」にはすぐには想像が及ばない。

まず向かいたいのは博物館網走監獄。網走刑務所で実際に使われていた建造物を移築して利用、保存公開している野外博物館である。網走刑務所は高倉健《たかくらけん》主演の映画『網走番外地』の人気で観光名所となった。その前身の「網走監獄」は漫画アニメ『ゴールデンカムイ』で金塊のありかを知る「のっぺら坊」が収監された場所として知られ聖地となっているが、もとは一八九〇（明治二三）年に「釧路《くしろ》監獄署網走囚徒外役所」として開設され、その後は一八九一年に「釧路集治監網走分監」（のちに北海道集治監網走分監として独立）と名前を変えながら本土から多くの囚人を受け入れた監獄だ。そして、網走道路の開削にあたった千人以上の囚人たちは、ここから出役していった。ちなみにこれらの中には、九州の三池《みいけ》炭鉱で囚人労働に反抗し暴動を起こした首謀者らも含まれていたという記録が残っている。九州と北海道の因縁は根深い。

博物館網走監獄

博物館の門をくぐると、館内は多くの重要文化財と魅力的な展示で溢れている。とくに有名な五翼放射状舎房（及び中央見張所）をはじめとして、囚人の独房や調理場、食堂、浴場などがリアルなマネキンとともに再現されていて興味深い。牢屋の中に実際に入ってみたり、監獄食を食べたり、入獄写真をプリクラで撮ったりと、体験型アトラクションも豊富だ（一八頁コラム参照）。

「旧網走監獄庁舎」では、北海道の国防・開拓と集治監（監獄）の歴史についても詳細なパネルが展示されており、網走道路開削の写真と記述は初心者には必見だ。囚人が監獄の外に出て日帰りできない作業をする場合に寝泊まりする「外役所《がいえきしょ》」なる仮小屋も野外にある。網走道路開削でも休泊所が次々と建てられたという。寝床は板張りで、枕の代わりに丸太棒が使われたそうだ。その過酷な生活労働環境が実感できる。監獄歴史館に行くと網走道路開削をテーマにした映像展示もあり、ややデフォルメされたアニメーションながらも当時の囚人たちの作業の様子がリアルに伝わってくる。

　ちなみに網走から北見に向かう機会があれば、端野町《たんのちょう》歴史民俗資料館にも立ち寄ってほしい。囚人たちを繋いでいた鎖と鉄玉の複製が、鎖塚の写真や網走道路周辺の地形模型とともに展示されている。

「中央道路」―学びと慰霊の旅

　博物館見学で満足してはいけない。時間があれば、囚人労働慰霊の旅に出かけてほしい。もっとも一六〇キロあまりの間に一〇カ所以上で慰霊碑が点在しており、すべてを見つけて慰霊するのは簡単ではない。網走刑務所から出発し、（当時の）網走道路の終着点たる北見峠をゴールとしよう。ノンストップで車を走らせても三時間はかかるのだが。ちなみに、北見峠の先から上川《かみかわ》に至るまでの区間は、一八九〇（明治二三）年に北海道最初の集治監である樺戸集治監と空知集治監の囚人たちによって開削された（二〇頁コラム参照）。前年の一八八九（明治二二）年に完成した上川―札幌間の石狩道路とすべて繋がれば、北海道の中央部分が横断可能となり、それゆえ、全区間を総称し「中央道路」と呼ばれる。

中央道路犠牲者を弔う

　慰霊の旅の準備として、道民御用達のコンビニエンスストア「セイコーマート」で線香とマッチを買う。虫除けのためのハッカ油スプレーも必携だ。北見はかつてハッカ生産のメッカで、一九三九（昭和一四）年には当時の世界薄荷《はっか》市場の約七割を占めていた。

　朝八時、現在の網走刑務所門前からスタートする。出勤中の職員が門から刑務所の中に入っていく傍らで、偶然、元受刑者と思われる男性が職員に見守られて出所していく姿を目の当たりにした。

鎖塚

　最初のポイントは網走湖のほとり、網走刑務所二見ケ岡《ふたみがおか》農場のすぐそばにある「国道創設殉難慰霊の碑」だ。道路脇から一段上がったところにひっそりと佇んでいる。車を停める場所もなく、そそくさと線香を上げて次を急ぐ。

　道道一〇四号線を南下すると、次は北見市端野町緋牛内《たんのちょうひうしない》にある「鎖塚」だ。立派に整備された供養碑と観音地蔵尊の隣には、死んだ囚人仲間を弔うために鎖をつけられたまま死んだ囚人の上に土をかぶせてできた土饅頭《どまんじゅう》の塚が見える。想像していたよりも大きく迫力がある。地元の方が清掃されているのだろう、日頃から丁寧に管理されている様子も伺われる。風で線香が飛ばないように工夫して手を合わせることができた。

　国道三九号線を西に進む。道路の両側には延々と玉ねぎ畑が広がり、ちょうど収穫の時期を迎えていた。北見市は全国の玉ねぎの約二割を栽培・出荷する、日本一の玉ねぎ産地である。北見市留辺蘂町《るべしべちょう》の共同墓地に入ると、敷地の真ん中にある地蔵大菩薩の隣に、ひときわ立派な墓碑が見える。「中央道路犠牲者之墓」。そして、地蔵菩薩を挟んで反対側に、「常紋《じょうもん》トンネル殉難者之墓」が建っている。

　常紋トンネルは、網走道路沿いに走る鉄道トンネルとして一九一四（大正三）年に完成し、現在でもJR北海道石北本線《せきほくほんせん》の単線非電化トンネルとして使用されているが、いわゆる、「タコ部屋」労働で建設されたことで有名だ。網走道路開削を初めとして囚人労働で死者が続出し、一八九四（明治二七）年に国会で囚人虐待との批判が出たため、この年に囚人労働は廃止された。それに代わって拘禁《こうきん》労働の主力となったのが、本州から連れて来られた「土工夫」たちである。彼らは山間部や奥地の「土工部屋」に閉じ込められ、道路や鉄道の建設など土木工事に強制的に駆り立てられた。本ブックレットには常紋トンネル工事で犠牲となった方々の遺骨収集に尽力されてきた中川功《なかがわいさお》さんのコラム（七二頁）も収録している。中川さんは、「タコ労働」を差別的表現ととらえ、これを「監獄部屋労働」と呼ぶべきと提唱する。

収穫された玉ねぎ満載のコンテナが並ぶ畑

　留辺蘂町にはそのほかに、丸山峠《まるやまとうげ》に「中央道路開削犠牲者慰霊之碑」、国道二四二号線沿いの石北本線を見下ろす金華《きんか》小学校跡地に「常紋トンネル殉難者追悼碑」が建てられており、慰霊が可能である。人を人として扱わず劣悪な環境で労働させ、死に至らしめるという意味において、囚人労働も監獄部屋労働も共通しており、闇そのものである。なぜそのようなことが簡単に起こるのか。現地で考えても答えは見つからない。

常紋トンネル殉難者之墓

　遠軽町《えんがるちょう》に入り、「山神碑」「国道開削殉難者慰霊之碑」の二つの慰霊碑に手を合わせる。両方とも国道三三三号線沿いの雑木林の中に道を挟んで向かい合う形で建っている。目印も駐車場もなく、よく注意して見ていなければ気づかずに通り過ぎてしまう。手を合わせているとブヨが近くに寄ってくる。ハッカ油スプレーをもう一度吹きかけて、最後のポイントを目指す。

　出発から六時間以上をかけて最後の目的地、北見峠に到着する。駐車場の脇に立派な慰霊碑が建てられている。ここで上川、旭川方面からの区間と接続するわけだが、碑には旭川から網走にかけての区間の見取り図とともに、中央道路（とくに網走道路の区間）の開削が「想像を絶する酷使につぐ酷使、不眠不休の労役」で行われたことが詳細に記載されている。これだけの区間の原生林の開削がわずか八カ月間で行われたという事実に驚愕せざるを得ない。ここまで通ってきた道のほとんどは山間地であった。囚人の苦役を真に理解することは不可能ではあるが、この場に来てみないとその過酷さは想像すらできない。

「外国人への強いられた労働」

ちなみに、道央からオホーツクにかけての地域だけに限らず、北海道ではほかにも強制労働が行われてきた。昭和に入ってからの朝鮮人、中国人の「外国人強制労働」だ。留辺蘂町イトムカとその隣の置戸町《おけとちょう》には水銀鉱山があり、多くの朝鮮人、中国人が水銀採鉱に必要なダム建設などの労役に従事させられたと言われる。イトムカには慰霊碑ではなく「イトムカ鉱山発祥之地」碑があるのみであったが、留辺蘂から国道二四二号線を遠軽とは反対方向に進むと、置戸町の共同墓地である「置戸墓地」内に「中国・朝鮮人殉難慰霊碑」が見つかった。インターネットのブログ記事でしか調べることができなかったため、正確な場所がわからず見つけるのに大変苦労した。碑文には、一九七六（昭和五一）年六月にオホーツク民衆史講座の働きかけで「置戸鉱山の歴史を語る会」が結成されて慰霊碑建立が計画され、置戸町内有志および町外関係者の協力のもと、八月に多数町民が参列して慰霊碑の除幕式が行われたと記載されている。地域の「負の歴史」を正面から受けとめようとする人々がいることに希望を抱くことができる旅でもあった。

至る所に殉難慰霊碑

北見市内にある北網圏《ほくもうけん》北見文化センターの博物館には、「北海道の強制労働図」として「囚人労働」、「タコ労働」、「外国人労働」の発生位置が細かく示されている展示パネルがある。北海道の開拓、資源開発と強制労働の関係を復習する意味でも、ぜひ立ち寄っていただきたい。

釧路《くしろ》——忘却の悲しみと誇り

北見から車で南に三時間ほど走ると、太平洋に面する道東のまち、釧路に入る。日本最大の湿地帯である釧路湿原や、北海道屈指の自然が楽しめる阿寒湖《あかんこ》、摩周湖《ましゅうこ》、屈斜路湖《くっしゃろこ》など、人気の観光地へ向かう玄関口でもある。たんちょう釧路空港には札幌（新千歳、丘珠《おかだま》）や羽田からの便が乗り入れており、札幌から距離は離れてはいるが、交通の便はよい。釧路を中心として周辺の尺別《しゃくべつ》（音別《おんべつ》）、庶路《しょろ》（白糠《しらぬか》）、雄別《ゆうべつ》（阿寒）などを含めた地域一帯は釧路炭田と呼ばれ、石狩《いしかり》空知地域と並んで北海道有数の炭鉱地帯だ。

まず、釧路炭田地域で最大の炭鉱だったのが「太平洋炭礦」だ。一九二〇（大正九）年に開鉱し、高い技術力を誇りながら発展したが、輸入炭の攻勢と国のエネルギー政策により二〇〇二年に閉山、「釧路コールマイン」に引き継がれ、現在でも国内唯一の坑内掘り炭鉱として生産を続ける。敷地内の「旧太平洋炭礦炭鉱展示館」では、釧路の炭鉱が歩んできた歴史を学びながら、日本一の大塊炭《だいかいたん》や採炭機械などを間近で見ることができる。

炭鉱展示館がある小高い丘から海岸方面へ下りていくと、釧路市営共同墓地である紫雲台《しうんだい》墓地の中程に、「太平洋戦争強制労働犠牲者慰霊碑」が建っている。第二次世界大戦中に朝鮮半島から動員され、釧路・根室《ねむろ》管内の炭鉱や港湾などで労働に従事して亡くなられた方々を慰霊するもので、朝鮮人百名あまりが埋葬されているという。一九七二（昭和四七）年から毎年追悼式が行われており、太平洋を望む亡骸の望郷の念に思いを馳せることができる。

周辺地域の炭鉱跡にも足を伸ばす。釧路市内から車で三〇分ほど走ると、西庶路コミュニティセンター内にある「白糠炭田石炭資料室」で白糠炭鉱にまつわる地域の年表パネルや地形断面図を見学できる。コミュニティセンターの外を少し歩くと閑静な住宅街が広がるが、通りに人気を感じない。そばにある公園のなかで「庶路炭鉱発祥之地」と題された碑を見つけた。「殉職者の皆さん安らかに」と書かれたプレートには日本人の名前とともに中国籍や朝鮮籍と思わせる名前が数名刻まれている。白糠でも外国人が炭鉱労働に従事して亡くなられたということなのか。国道三八号線を西へ少し移動しJR白糠駅の手前で山手に入る。シカの糞で覆われた草地を歩いて行くと、「新白糠炭砿創操業地記念碑」が見えてくる。かつてここにあった選炭場《せんたんば》の壁に記念碑が埋め込まれているのだが、当時の面影を読み取ることはできない。あるのは「熊出没注意」の立て看板だけであった。

国道三八号線をさらに三〇分ほど進み、音別《おんべつ》へ向かう。大正時代に「尺別」と呼ばれた地域だ。音別町ふれあい図書館内にある「郷土資料展示室」では、尺別炭鉱の歴史と当時の様子が簡潔ながらも説明されている。車で奥地に進む。炭鉱施設や住宅などの跡が「廃墟」となって残されている。人が住んでいる気配はないが、一九七〇（昭和四五）年の閉山まで炭鉱のまちがあった場所だ。当時の新尺別駅の近くに「復興記念」の碑が建っているが、周辺が手入れを施されている様子はない。スマホの電波も圏外だ。日没直前に行ったからだろうか、もの悲しい雰囲気に包まれている。「忘れられた土地」という印象だった。

釧路へ戻り、日を改めて最後の目的地、雄別《ゆうべつ》炭鉱跡へ向かう。たんちょう釧路空港から道道二二二号線を車で三〇分ほど北西に進み、人家が見られない山間地に入ったところでひっそりと建つ「雄別炭鉱記念碑」を見つける。周りに建築物も人気も何もないが、確かにここはかつて大規模な炭鉱のまちがあった場所だ。保育所、小中学校、病院から鉄道駅、郵便局、神社まで何でも揃っていたことが当時の再現地図から分かる。最盛期には地域全体で一万五千人が住んでいたが、一九七〇（昭和四五）年の閉山後わずか一年で無人となったという記録が残っている。

記念碑から空港方面へ少し戻り、布伏内《ふぶしない》地区のコミュニティセンターの中にある「古潭《こたん》・雄別歴史資料室」にお邪魔した。この資料館はすごい（Ⅳ章参照）。当時の炭鉱や関連施設、住宅、鉄道、人々の生活風景、行事などに関するすさまじい数の写真、地図、資料が所狭しと展示されている。炭鉱で生きる人々のコミュニティと生活が生々しく、当時の空気感が伝わってくる。もっとも生活が映し出された写真から悲しさや「暗さ」は感じられない。

「半島人」というパネルが目に付いた。それによれば、雄別炭鉱でも朝鮮人数百人が釜山からやってきて労働に従事しており、日本人以上に過酷な労働をさせられ、事故で朝鮮人の何名かは命を落としたと記載されている。「千人はいた」という関係者の証言もあるようだが、正確にどれだけの朝鮮人が雄別炭鉱で働いたのかは、資料が残っていないためわからないとのことだ。いずれにしても、外国人労働に関する「負の歴史」にもしっかり向き合おうとする姿勢が感じられる。さらに、第二次世界大戦末期は戦局悪化で海上輸送が困難となって釧路炭田は休止となり、多くの労働者が九州の炭鉱へ配置転換（急速転換という）を余儀なくされたが、雄別炭鉱にいた朝鮮人の多くも九州へ向かったと記されている。北海道と九州の繋がりはここにも垣間見られる。

なお、訪問の際はお会いできなかったが、写真などは現地在住の三沢悟《みさわさとる》さんがお一人で集めて展示されているとのことだ。写真は千枚以上に上るという。写真は資料室に収まりきらず、近くの布伏内郵便局でも展示されている。「消えたマチ」雄別の記憶を何としてでも後世に残そうという「誇り」が感じられる展示であった。

おわりに――「闇」のなかに光を観る

冒頭で触れたように、ここまでは北海道の「闇」を巡る旅のほんの一部にすぎず、感想も私の主観である。もちろん、読者のみなさんにはそれぞれの感じ方があろう。他の眼差しでみれば、違う気づきを得られるかもしれない。

本章を締めるにあたり、今回の旅を通じて、いわゆるダークツーリズムについて考えたことを三点ほど述べたい。

第一に、炭鉱をダーク一色で黒く塗りつぶしていいのだろうかという問いだ。炭鉱をめぐる記憶には、危険な命懸けの労働環境で労働者が互いに信頼し助け合わなければならないという特殊性と、生活者としての悲劇の共有による炭鉱コミュニティの結束力と「明るさ」が埋め込まれている。それゆえ、「世界」がそれぞれのヤマ（地域）で完結し、夕張のように「ヤマ」を超えた集約（コンパクトシティ構想）がうまく機能しない。確かに、その現実はまちを廃墟とし、炭鉱の「闇」が強調される。だが他方で、吉岡宏高さんの言葉や雄別の写真群は異なる方向性を示す。炭鉱現場での過酷な労働環境に見る「ダーク」な不正義と炭鉱コミュニティの連帯が示す「明るい」記憶は一見矛盾するように見えるのだが、私は「光」と「闇」の物語は実は両立しうるのではないかと考える。だとすると、「ダーク」な側面と意味づけのみを切り取るダークツーリズムの実践は、多様で豊かな人間の営みを不可視にしかねない。

夕張に残る炭住群

第二に、ダークツーリズムが地域衰退の歯止めとなるかという点だ。日本全国の地域、地方は人口減少と少子高齢化のなかで「消滅」を回避すべく懸命に闘っている。とくに北海道は、札幌など一部の都市圏を除いた多くの自治体で持続可能性が危ぶまれている。ヨソから来る人々を遠ざけるような「暗い過去」があるのなら、そこから脱却し、過去を消し去り「明るさ」を演出しようとする誘惑に駆られるのはむしろ自然だろう。言い換えれば、地域そのものが自身の闇を受けとめる余裕を失っている状況においても、負の歴史と向きあうことを外から求めることは果たして妥当なのだろうか。もちろん、網走監獄と囚人労働の歴史とともに生きる網走・北見の取り組みは新しい可能性を提示している。だが現地に行けばわかることだが、闇を受け止めながらも、網走も北見も「ダーク」一色ではない。とくに網走はオホーツク文化のゲートウェイとしての「光」を見せようとする。

最後に、ダークツーリズムの言葉そのものが持つ限界である。北海道に眠る闇と悲しみは、同時代的に九州のそれらと繋がっている。囚人労働にせよ、炭鉱労働にせよ、双方の往来や共通性が見いだされる。だがダークツーリズムは悲しみの事実を点（スポット）として見ることを要求する。これでは「悲しみ」相互の地理連関や政治背景をうまく捉えることはできないだろう。実際、闇と悲しみは光とともにある。（どういう定義であれ、いつの時代であれ、本人の意思に反した）「強いられた労働」そのものは暗闇に違いないが、その事実を掘り起こし、敢えて向き合おうとする人々の存在は社会にとっての希望であり光とも言える。闇と光が表裏となった事象の意味をダークツーリズムがうまく整理できると私には思えない。

と言いつつも、つい、ものごとのダークな側面ばかりを見てしまうのは、真実を追い求めようとするクリティカルな研究者の業なのだろう。だが闇のなかに光を見いだす観光をつくりたい。それが私の願いである。

（花松泰倫）

■参考文献

井出明『ダークツーリズム　悲しみの記憶を巡る旅』幻冬舎新書、二〇一八年。

井出明『ダークツーリズム拡張―近代の再構築』美術出版社、二〇一八年。

吉岡宏高『明るい炭鉱』創元社、二〇一二年。

小池喜孝『鎖塚　自由民権と囚人労働の記録』岩波現代文庫、二〇一八年。

吉村昭『赤い人』講談社文庫、二〇一二年。

中澤秀雄、嶋﨑尚子編著『炭鉱と「日本の奇跡」石炭の多面性を掘り直す』青弓社、二〇一八年。

嶋﨑尚子ほか『〈つながり〉の戦後史―尺別炭砿閉山とその後のドキュメント』青弓社、二〇二〇年。

石川孝織ほか編著『釧路炭田産炭史』北海道産炭地域振興センター、二〇一一年。

石川孝織編著『雄別炭砿閉山五〇年―雄別・尺別・上茶路』釧路市立博物館、二〇二二年。

長谷川隆博「日本遺産『炭鉱港』を教育でどう生かすか」『歴史地理教育』九五六号、二〇二三年。


追記）本原稿を書くにあたって、コラムにも寄稿くださった今野久代、山口一樹、野本和宏の学芸員の方々にお世話になりました。記してお礼申し上げます。

地域別 炭鉱遺構・史跡地図

白 糠

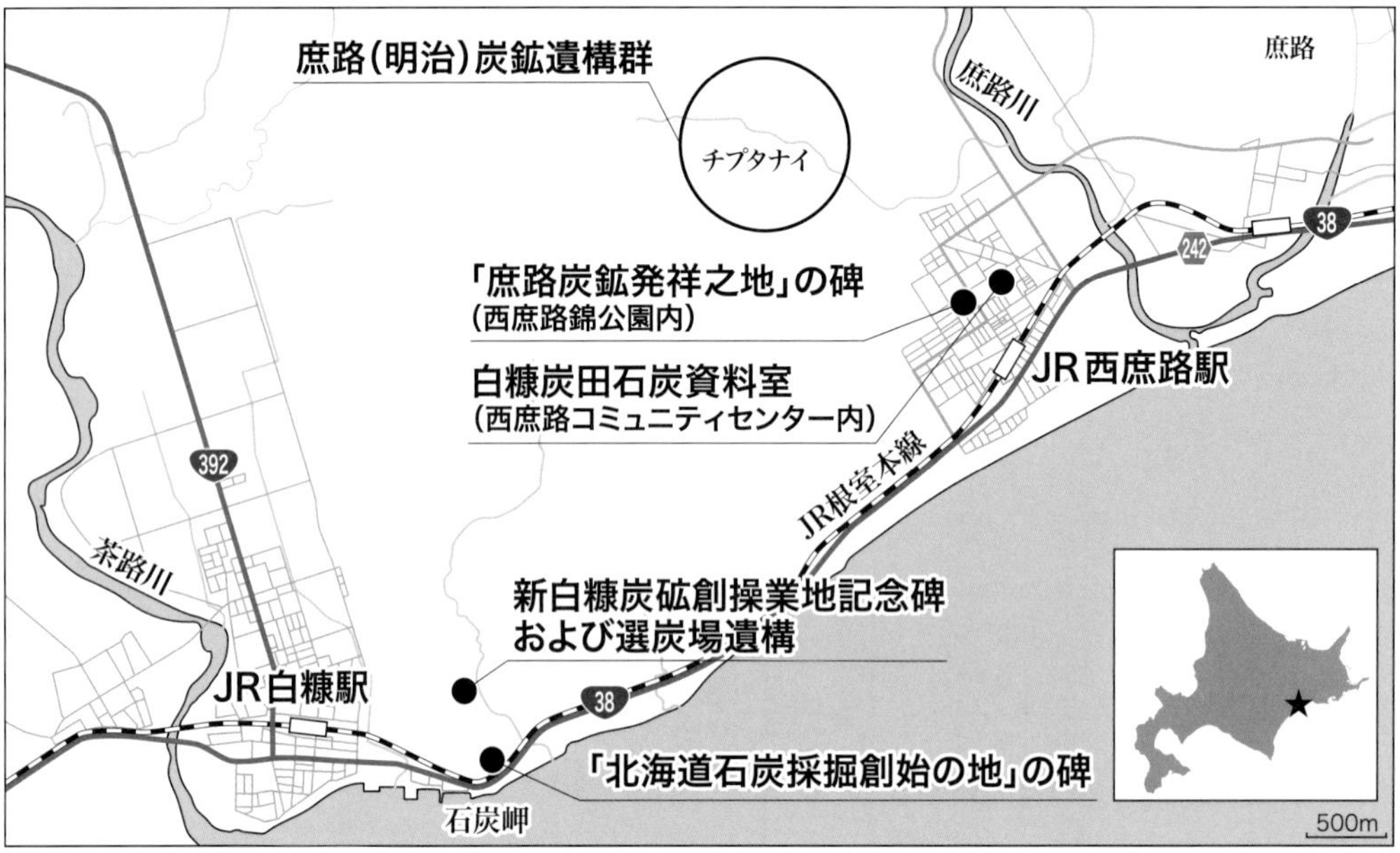

雄 別

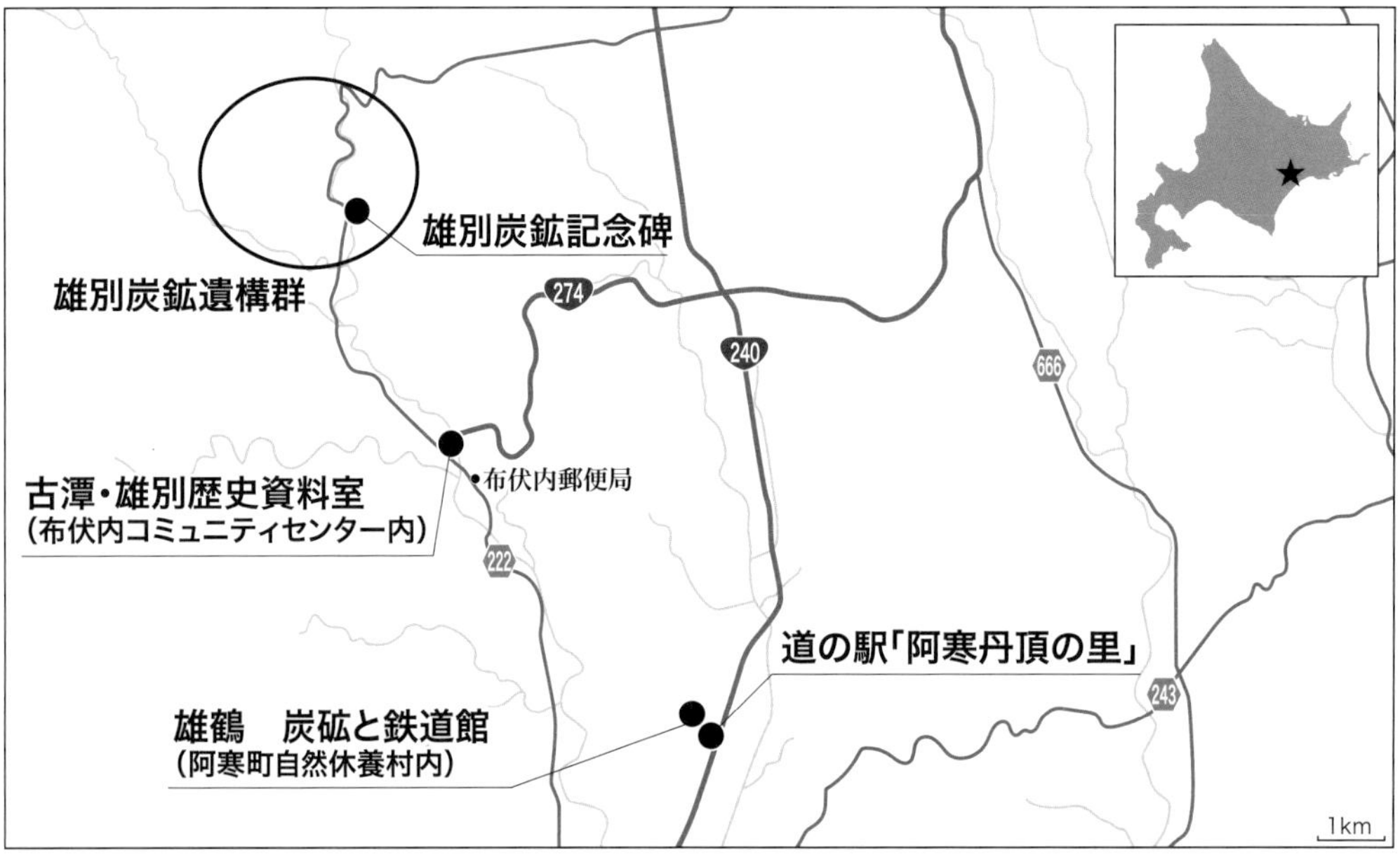

尺別

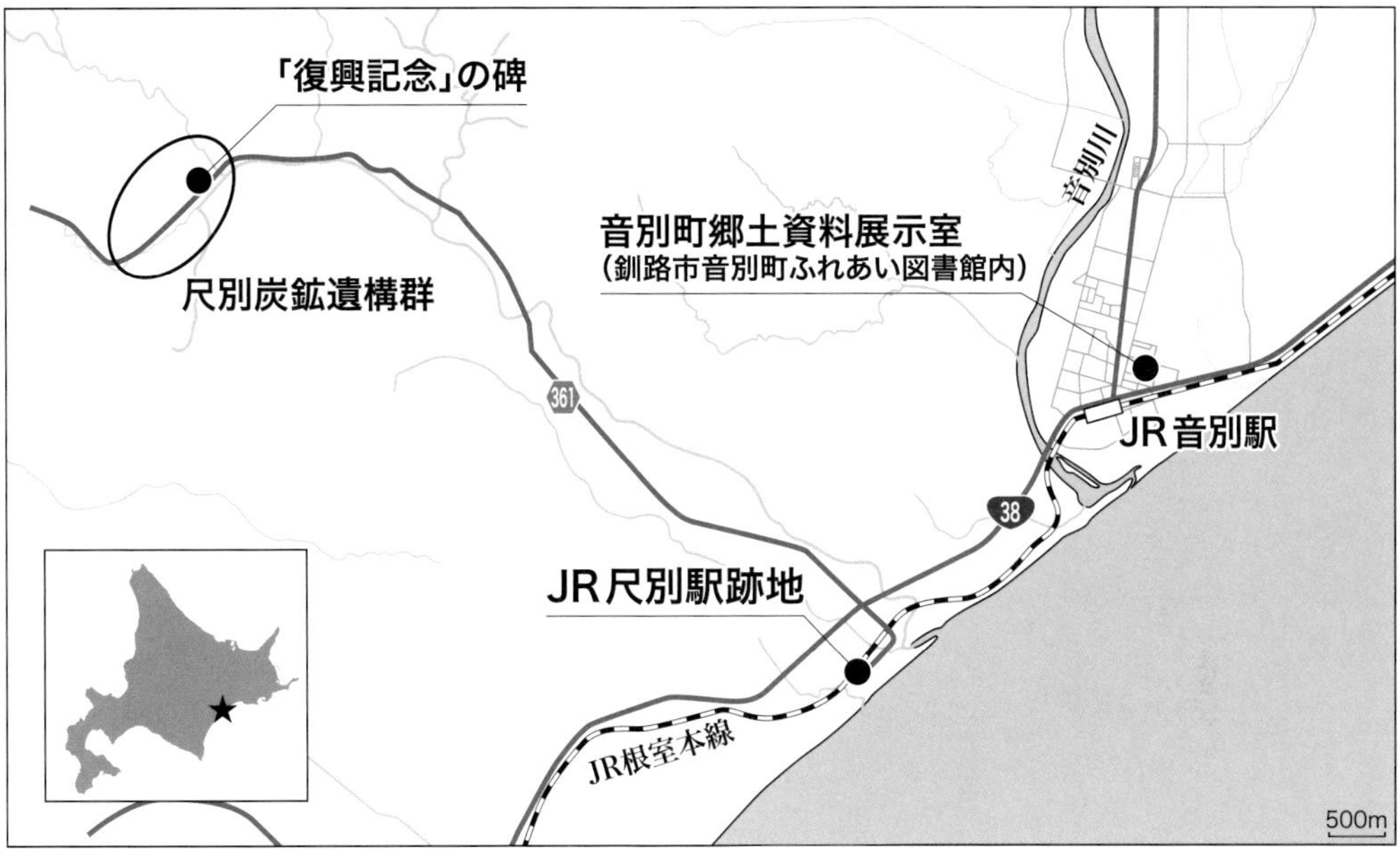

「復興記念」の碑
尺別炭鉱遺構群
音別町郷土資料展示室
(釧路市音別町ふれあい図書館内)
音別川
JR音別駅
361
38
JR尺別駅跡地
JR根室本線
500m

釧路

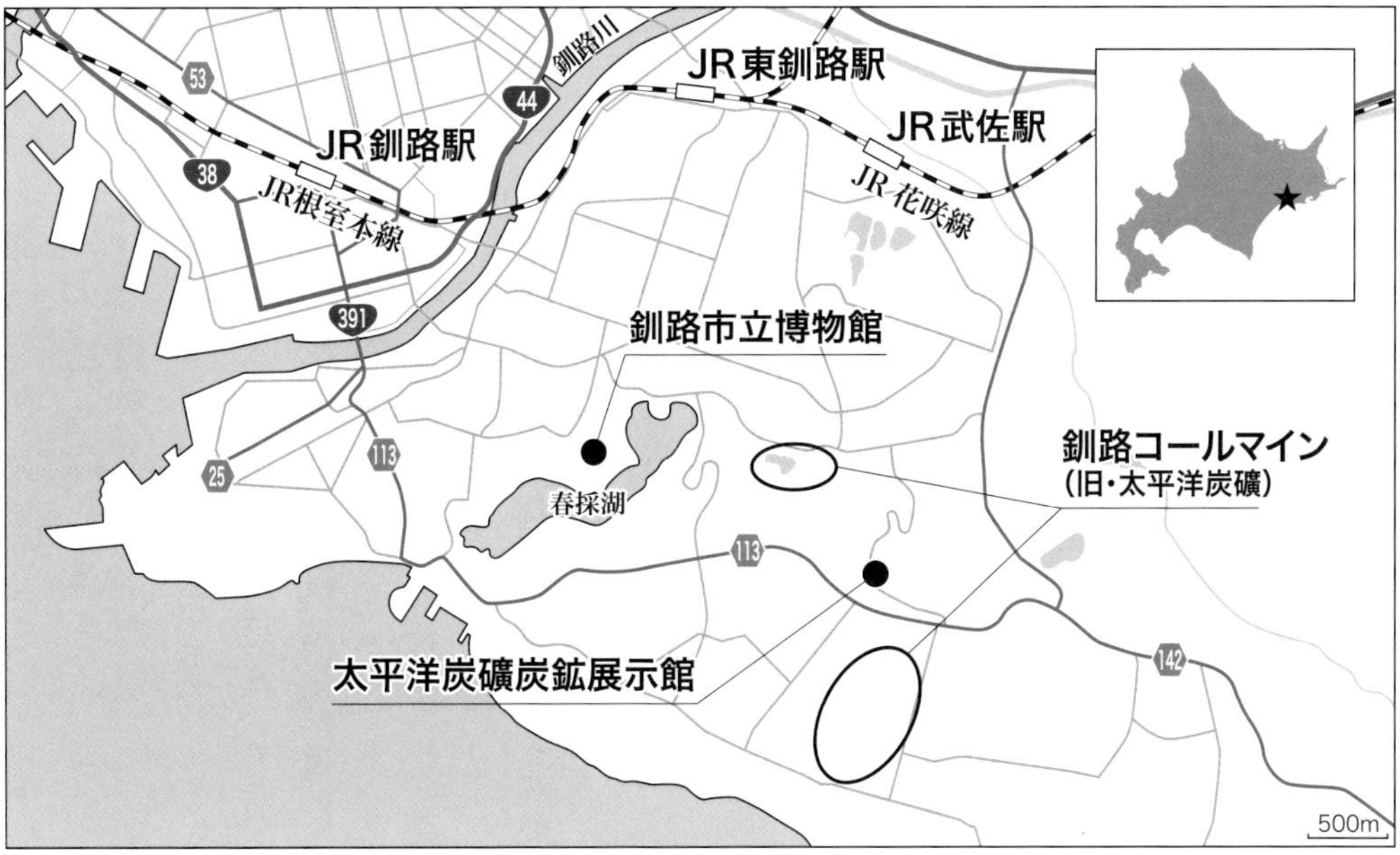

釧路川
JR東釧路駅
JR武佐駅
JR花咲線
53
44
JR釧路駅
38
JR根室本線
391
釧路市立博物館
釧路コールマイン
(旧・太平洋炭礦)
25
113
春採湖
113
142
太平洋炭礦炭鉱展示館
500m

コラム

負の歴史を地域の文化資源へ　博物館網走監獄

北海道の東に位置する網走市は、人口三万三千人、オホーツク海に面し五つの湖と森に囲まれた自然豊かな町である。筆者が勤務する博物館網走監獄は、網走刑務所の歴史的建造物の保存と北海道集治監の歴史を語り継ぐため一九八三（昭和五八）年に開館した。

未完成のまま開館したため、博物館作りは開館以降も続き、網走刑務所の旧建造物を博物館へ移築する工事が終わったのは実に開館から一九年が過ぎていた。現在は移築復原建造物一〇棟、再現構築物一五棟、合計二五棟を擁する野外歴史博物館として開館から四一年を迎えた。

博物館の展示の中心である行刑《ぎょうけい》建造物は、犯罪者を収容する建物である。この建物を陰と陽、光と影の二極で見ると陰影であり旧網走刑務所の建造物は負の遺産に分類される。この負の歴史遺産が、二〇一六（平成二八）年に国の重要文化財に指定された。行刑建造物初の重要文化財指定である。

網走刑務所の開設は遡ること一三四年前の一八九〇（明治二三）年のことである。当時の北海道は未開拓の地であった。日本が近代国家として欧米列強と肩を並べるためには北海道の天然資源が必要になり、さらに北の警備を固めるために人口を増やし農業を広め、工業を興すことが急務とされていた。そこで開拓の労働力となったのが、北海道集治監に収容された囚人達であった。北海道開拓の拠点として開設された北海道集治監網走分監は網走刑務所の前身である。人口六三一人の村に一二〇〇名の囚人と看守一七三名が現れ北海道開拓の鍬をおろした。網走監獄の囚人達に課せられた北海道を横断する中央道路の開削は過酷を極めた。網走から北見峠、札幌へと繋がる一六三キロメートルの道路開削は昼夜兼行の突貫工事で進められた。工事開始からわずか八カ月で予定通り完成させたが、厳しい自然環境での重労働と峻烈な処遇により二一一人の囚人の命が奪われた。

この命の犠牲が世間に知られ、網走監獄は負の歴史と認識されている。負の歴史と負の歴史遺産を併せ持つ博物館はまさにダークツーリズムの場所だという人もいる。

ここ数年、負の歴史をめぐる旅、すなわち戦争や災害の跡などの負の遺産を観光対象としてめぐる旅、ダークツーリズムが日本でも話題に上るようになった。

その悲劇の場所や負の遺産に新しい価値を与え、地域資源として活用しようという試みがなされている。負の歴史遺産は印象が強く、活用いかんによっては悲しみを想起させるなど、意見も様々である。当館の開館にあたり、地域からも様々な意見を唱える人がいた。一九七三（昭和四八）年に明治時代に建てられた網走刑務所の建造物が老朽化により全

網走監獄全貌

面改築されると発表され、木造建造物は全て解体されることになった。網走刑務所は開設以来、小説や映画『網走番外地』の舞台として網走の地名を広く全国に広めた。刑務所の町、刑務所と言えば網走の地名が上がるようになった。そのさなか、地域社会の中で、刑務所建造物を保存し観光資源に活用する案が出され議論されるようになった。暗い負のイメージが付き纏《まと》う刑務所から流氷観光にシフトすべきだと唱える人もいたし、網走刑務所の施設名から「網走」を取り除くように名称変更願いが出されたこともあった。

負の歴史を保存することに対立する多様な感情が地域に生まれていた。

議論の高まりとともに博物館構想が纏まり、当財団初代理事長の佐藤久《さとうひさし》が財団法人網走監獄保存財団を仲間と共に設立し博物館作りを始めた。

記憶や歴史の伝承を使命とする博物館は、その展示を通じて別の視点から負の歴史や遺産と向き合い展示することで記憶の風化を防ぎ、それぞれに固定化された地域の負の歴史と人々がどう向き合うべきかを整理することが重要な役割である。

とくに当館は行刑制度の歴史を来館者に伝えるうえで、刑罰や人権など多様で対立する見解を展示から除くことはできない。しかしながら筆者は「見学する人に苦痛を与えてはならない。悲しみを増長する展示は作らない」と自身で境界を定めている。

旧網走監獄　舎房及び中央見張所（第4舎）

この四〇年近く、博物館の展示に向き合い負の歴史を別の視点から考察すると、網走刑務所は矯正教育施設として果たしてきた歴史と刑務作業を通じて地域に及ぼした影響も大きく、地域との密接な関わりがいくつも存在する。網走市民の記憶の中にも刑務所に関するエピソードは多数残されている。そのエピソードは決して負の記憶ではなく、「助かったよ、有難かったよ」と笑いながら話してくれるものばかりだ。受刑者の刑務作業は網走の労働力不足を補い続け、市内の農家に対する寒冷地農業の先駆けとなり指導的役割を担った。網走の主要産業である水産業においては、カニ缶詰工場へ受刑者の派遣が続いた。

負の歴史の背景には、地域の人々との交流があり受刑者を支え更生に導いてきた地域住民の姿があった。歴史的建造物が解体消滅すると歴史を語り継ぐ大切な「もの」を欠くことになる。博物館網走監獄に移築復原されている建造物は、重要文化財すなわち地域の宝である。この宝を観光資源として、単なるダークツーリズムの旗印にするのではなく、今後も歴史遺産が生まれた背景や意義、その地域に及ぼした史実を含めて未来に繋げ活用していくことができるような博物館でありたい。

（今野久代）

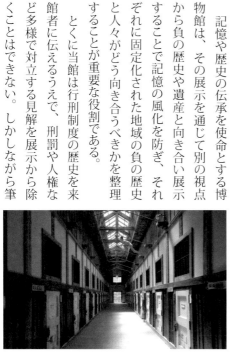

コラム

北海道開拓の礎となった樺戸《かばと》集治監《しゅうちかん》

ご存じでしょうか。明治維新による動乱期。各地で内乱が起き、戦いに負けた者は捕らえられていたということを。明治政府は、捕らえた者を各藩の牢屋に幽閉しましたが、人数が多く対応できない状況になりました。そこで、明治政府は、新たに国立の監獄「集治監」を宮城と東京に設置しました。しかし、これではまかないきれず、いつまた反乱を起こすかもしれない危険分子を北海道に島流ししてしまうことを考えました。

一八八〇（明治一三）年、内務省権正書記の職にあった月形潔《つきがたきよし》は、伊藤博文《いとうひろぶみ》内務卿の命により、北海道の地を集治監設置場所として調査することとなりました。当時の北海道は、内陸部の開拓が進んでいない状況にあり、三カ所の候補地をあげて調査をしました。その一つが現在の月形町《つきがたちょう》になります。ここは、当時人の住んでいない密林地帯で、樺戸連山と大河石狩川に挟まれた地形で囚人の逃走する地形としては難しく、平地は肥沃な大地で農業に使え自給自足で賄えると判断し、調査報告をしました。

すぐにその報告は採用され、翌年の一八八一（明治一四）年九月に樺戸集治監として開庁しました。樺戸集治監は、全国で三番目、北海道で最初にできた国立の監獄で、後に空知集治監（現三笠市）、釧路集治監（現標茶町《しべちゃちょう》）、網走監獄（現網走市）、十勝《とかち》監獄（現帯広市）と北海道に五つの集治監・監獄ができました。この五監獄のトップとして樺戸集治監が統制を取っていきました。

樺戸集治監の施設は、札幌の大倉山《おおくらやま》ジャンプ場を建設した大倉組（現在の大成《たいせい》建設）が請負、囚人約一五〇〇人が収容できる規模の施設を建設しました。囚人は、刑期一二年以上で無期懲役の男性が収監されていました。そして、樺戸集治監が開庁して初代の典獄《てんごく》（現在でいう刑務所長）に調査団長を務めた福岡藩出身の月形潔が就任しました。樺戸集治監が開庁して、商売をする商人が定住するようになり、移住してくる人も増えて、まちを形成してきたため、まちの名前を決めることになりました。そこで、初代典獄の月形潔の姓をもらい、この地は空知管内第一号の村「月形村」（現在の月形町）と名付けられました。

樺戸集治監本庁舎（明治19年建立事務所）

樺戸集治監が開監してからは自給自足で生活する「農業監獄」として作業が行われ、囚人による農地開墾をはじめ作物の栽培を行いました。慣れない環境のなかでうまく作物が育たない試行錯誤の連続であったとのことから、生活は大変厳しいものであったと思います。とくに稲作は結実には数年を要したと言います。冬は当然雪が降るので、札幌から石狩川に船を浮かべて運びますが凍りついてしまうこともあり、物資が届かないこともあったようです。囚人達の着ていた着物は薄手の麻布一枚で夏冬暮らしていました。当然、厳冬期も厚手の着物が与えられることはなかったそうで、月形典獄は国に厚手のものを支給することを要望をしていましたが、なかなか要望が通ることがなかったそうです。

後に北海道が一つではなく、三つの県に区分されていた時代（三県一局時代）がありました。函館県、根室県、札幌県となっていましたが、連携した開拓は進んでいませんでした。そこで、伊藤博文の命を受けて権大書記官の金子堅太郎《かねこけんたろう》が、北海道を巡検しました。その状況は、確かに開拓が進んでいない状況で、三県は連携も出来ていない状況で、ましてやロシアからの脅威もあったことから、早急な開拓が望まれると国に復命しています。そのためには、北海道内陸部の道路開鑿《かいさく》が必要で、その作業を安価で必要な作業人数を揃えることが出来る囚人に過酷な作業をさせることを進言していました。

囚徒峰延道路開鑿

そのことによって、囚人を使った道路開鑿《かいさく》が始まりました。いわゆる「開拓監獄」へと移行していきました。刑期一二年以上無期懲役の男性が北海道へと移送されて作業に従事します。樺戸集治監から離れた場所での作業においては、作業場所の近くに「外役所」を設置してそこで寝泊まりして作業を進めていました。授業手という技師が測量をしてその跡を囚人が開鑿していくのですが、一カ所に固まって作業をするのではなく、ルート上に何カ所かに分かれて接続していくように作業が進められました。険しい山道、とくに空知から旭川までのルートでは岩場があり火薬による爆破で道を切り拓くと言ったこともあり、作業は危険と隣り合わせでした。

月形町にある墓地には、樺戸集治監で亡くなった囚人が埋葬されています。一〇四六名が亡くなり、そのうちの二四名は身内に引き取られています。残る一〇二二名は月形町にある墓地に埋葬されています。樺戸集治監の亡くなった囚人は外役労働で亡くなったとしても遺体を運び、仮埋葬された後に墓地へと埋葬されました。個人埋葬が四〇六基あり、戒名がつけられています。ほかは合葬墓に埋葬されています。

過酷な自然状況のなかで収監されただけでなく「労役」と称する労働は、自給自足のためと北海道開拓の礎を築くと言った作業を行っていました。そのようななかで、不幸にも亡くなってしまった囚人の死因のほとんどは心臓麻痺となっています。これは、当時の医療から見て、これが死因として付けられるものであったのかと思います。食事も十分な栄養が取れていなかったために脚気になる囚人もいたと言います。現在、墓地では毎年慰霊祭が行われており、月形町内外から参列され厳粛に行われています。

囚人にも有名になる者がいました。五寸釘寅吉《ごすんくぎとらきち》こと西川寅吉《にしかわとらきち》です。この囚人は脱獄の名人とも言われ、いくつもの集治監を脱走しています。最後は年も取ったこともあり模範囚となり刑執行停止で釈放されました。ただ、年老いた一人を外に出しても生活できないために興行師に身元引受人になってもらい、寅吉劇団と称して全国を渡り歩いたということです。そのときに販売されていたブロマイドが月形樺戸博物館に実物で展示しています。

また、読めない書けない寅吉は、読み書きが出来るようになり、本人が書いた掛け軸や色紙を展示しています。あるとき、解説員が不登校の子どもに寅吉のことを話し、「読み書き出来ない人が出来るようになった。努力すれば夢は叶う。君も夢を持って頑張れ」と話したところ、その子どもは次の日から学校に行くようになりました。これがなんと二回もありました。どのような力が子どもに伝わったのかわかりませんが、そのようなことが実際にありました。

私たちが生活している北海道は、屯田兵の開拓により拓かれたと思われている方が多いと思います。間違いではありませんが、その屯田兵が入植できるように集治監に収監された囚人によって道路が切り拓かれ、開拓の礎を築いたと言っても過言ではないと思います。時代によって捕らえられ、厳しい自然環境の北海道の地に送られても、その場で行われた道路開鑿や農地開墾、屯田兵屋建築などの作業を成し遂げたことは、大きな「功績」ではないかと思います。光と影で例えるなら影になってしまうのかもしれませんが、決して影などではなく北海道開拓の礎を築いた確かなる光であると私は感じています。

五寸釘寅吉こと西川寅吉の書

樺戸集治監の歴史は、月形町にある月形樺戸博物館で展示公開されています。見学された皆さんが口にされるのは、このような歴史があったことを知らなかった。もっと多くの人に知ってもらいたいと言われます。もっと宣伝して多くの方に来館していただき、さらに、見学された方々が博物館の良さを多くの人に伝えて頂けたらありがたいと思います。

（野本和宏）

三池炭鉱関連地図

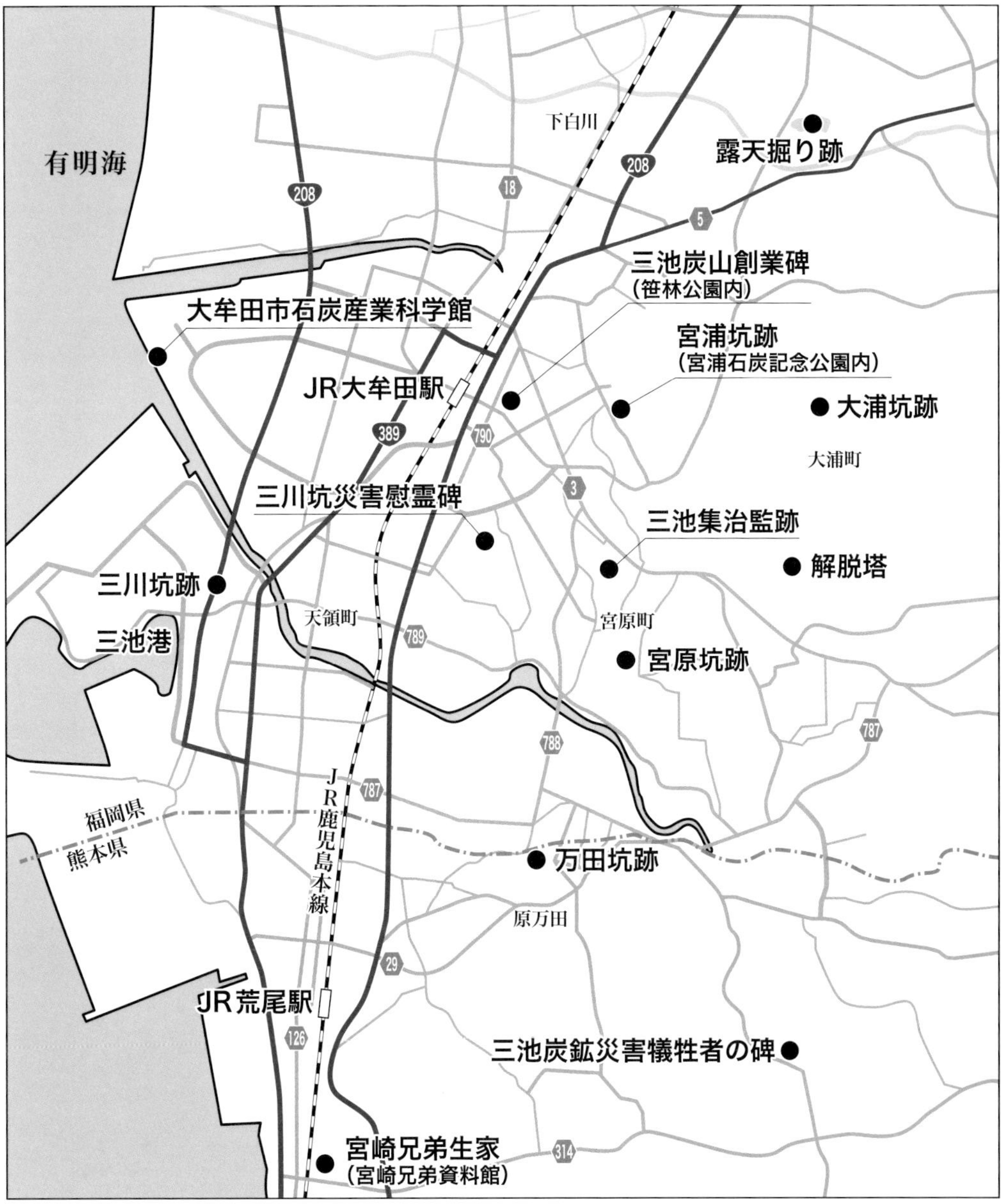
有明海
下白川
露天掘り跡
208
18
5
三池炭山創業碑
(笹林公園内)
大牟田市石炭産業科学館
宮浦坑跡
(宮浦石炭記念公園内)
JR大牟田駅
大浦坑跡
大浦町
389
790
3
三川坑災害慰霊碑
三池集治監跡
解脱塔
三川坑跡
天領町
宮原町
三池港
789
宮原坑跡
787
788
福岡県
熊本県
JR鹿児島本線
万田坑跡
原万田
29
JR荒尾駅
126
三池炭鉱災害犠牲者の碑
宮崎兄弟生家
(宮崎兄弟資料館)
314

Ⅱ　九州の炭鉱から—三池《みいけ》

三池炭鉱は、福岡県《ふくおかけん》大牟田市《おおむたし》と熊本県《くまもとけん》荒尾市《あらおし》との県境をまたがる形で存在していた。皆さんのなかには、三池争議（闘争）を思い浮かべる方もいるだろう。北部九州は北海道と並び日本を代表する炭鉱地帯だが、三池炭鉱は規模的に突出していた。最盛期には国内の採炭量の四分の一を占めていたとされている。

「月が出た出た～」ではじまる炭鉱節《たんこうぶし》の歌詞には「三池炭鉱」の名前が入っている。ただし、この歌は福岡県筑豊《ちくほう》の田川《たがわ》にあった伊田竪坑《いだたてこう》に由来するともいわれている。炭鉱をテーマとした記録文学作家の上野英信《うえのえいしん》は、炭鉱節にまつわる戦後直後の自身の体験を紹介している。筑豊の「坑夫長屋」で友人と炭坑節を歌っていたところ、その家にいた老婆が感慨深げに語った。自分たちが坑内で働いていた頃、この歌は「エタ節」と呼ばれ、おおっぴらには歌えるものではなかったと。この歌は「おれたちの血を吐きよる音ぞ。地ん底でおしつぶされよるおなごのうめきぞ」と彼女は言いたかったのでないか。このように回想した上野は、炭鉱節とは「もっともきびしい差別にあえいでいるひとびとの遺産」ではないかと述べている（『どきゅめんと・筑豊』）。

北部九州は「周辺地域」として炭鉱を中心に日本の工業化を支える役割を担わされた。それは数多くの人的犠牲を伴うものであり、水俣病《みなまたびょう》などの公害も発生した。三池炭鉱では国策や企業の思惑により、囚人たちや奄美《あまみ》・与論島《よろんじま》の人々、さらには朝鮮《ちょうせん》半島や中国の人々、戦時中の捕虜たちも働くことになる。この章では三池炭鉱にまつわる碑や歴史的な建造物などをめぐりながら、炭鉱の歴史を振り返ってみたい。

三池炭鉱の始まり—明治期の囚人労働

地元の言い伝えによれば、三池炭鉱の始まりは一五世紀後半に現在の大牟田にある稲荷《とうか》山で焚火をしていた農夫が「燃える石」を発見したことによる。江戸時代にも採掘はおこなわれたが、本格的な開発は明治時代になってからである。当初は官営であった。

JR大牟田駅からほど近い笹林《ささばやし》公園に、一九一六（大正五）年に建立された三池炭山創業碑がある。碑文には「三池炭山創業当事者」として「大蔵大臣伯爵 松方正義《まつかたまさよし》 三池鉱山局事務長 小林秀知《こばやしひでとも》 三井物産会社社長 益田孝《ますだたかし》」の名が刻まれている。益田は三井財閥を築いた人物として知られているが、彼は自叙伝で三井の発展の発端は三井が三池炭の輸出に携わったことにあると回想している。三池で始まった三井の炭鉱経営はその後、筑豊や北海道、さらに

三池炭山創業碑

は樺太や台湾まで拡大していき、三井財閥の主要部門となった。碑の発起者の筆頭には三池炭鉱発展の基礎を築き、後に三井財閥のトップとなる団琢磨《だんたくま》の名もある。碑文には各坑内で囚人が労働に従事させられたことも触れられている。

笹林公園から県道三号線に沿って南東に下ったところには、一八八三（明治一六）年に設置された三池集治監があった。現在は三池工業高校があり、その塀のところどころは当時のレンガがむき出しになっている。三池集治監は、西南戦争のような士族反乱や秩父事件などの新政府に反逆する事件に加わったものや、他の重罪人を収容するために設置された。

当初、東京と宮城に設置されたが、三池の他に樺戸集治監（一八八一年）、空知集治監（一八八二年）、釧路集治監（一八八五年）と北海道に作られていく。北海道に設置された理由は、「危険分子」を遠くに隔離・排除することに加え、彼らを北海道開拓の労働力とすることが目的であった。このアイデアを赤裸々に示したのが、福岡藩出身の官僚、金子堅太郎《かねこけんたろう》だ。金子は一八八五（明治一八）年、北海道巡視の報告書のなかで、開発に囚人労働を使う利点として、人件費の節約のみならず、労働による死亡で監獄費用の削減にもつながると主張した。鉱山・炭鉱での採掘や道路建設などにおいて囚人たちが文字通り使い捨てにされるのは、前章で見たとおりである。

三池集治監のレンガ塀（現在は三池工業高校）

三池炭鉱での囚人労働も過酷なものであり、三池集治監開設から三年間における一日平均在監者に対する死亡率は六・六〜一三・二%と非常に高い（『新大牟田市史　三池炭鉱近現代史編』）。

三池炭鉱での囚人労働は、一八七三（明治六）年から一九三〇（昭和五）年まで半世紀以上も続けられた。炭鉱運営は大量の労働力を必要とするが、危険な労働を忌避する向きなど、近郊の農村からの人材確保には限界があり、強制労働が可能な囚人を活用することとなった。さらに囚人労働では、一般労働者よりも賃金を低く抑えられる。実際、賃金は一般の一割前後であったと言われる。

囚人は柿色の上下の着物を着せられ、顔は編み笠で隠され、草履履きの足には逃走防止のために鉄の鎖が巻き付けられていた。彼らが歩くたびに鎖からジャラジャラという音がしたという。

過酷な労働環境におかれた囚人の中には逃走を企てたものも少なくなかった。三池集治監が設置された年には、大浦坑《おおうらこう》で、翌年には七浦坑《ななうらこう》で囚人たちによる暴動が起こった。大浦坑での暴動では坑内が放火され、一般の労働者二二名、囚人二四名が構内に置き去りにされた。これらの暴動が起こった理由としては、過酷な労働環境に対する不満や処遇改善ということがあげられる。

加えて、北海道へ移送されるかもしれないことに対する恐怖もあったようである。空知集治監が設置された年、三池炭鉱で労働経験のある囚人四五名が送られた。七浦坑では暴動後も囚人たちが不穏な動きや怠慢な態度が見られたが、その理由としては自分たちも北海道に移送されるかもしれないということへの恐れがあったようである（『荒尾市史 通史編』）。

移送・批判・追悼

地元で出された書籍『三池集治監物語』などによれば、三池集治監から北海道へ移送された例としては、一八八五（明治一八）年に西南戦争で薩軍側として戦った士族らが釧路集治監へ移送された。釧路集治監では囚人たちを硫黄採掘などに従事させていた。翌年には、三池集治監で騒動を起こし兵庫仮留監《かりるかん》に収容されていた囚人を含む二〇〇名が釧路へ送られた。その船中では、脱走を企てた囚人たちによる暴動も発生した。この事件については戦前に出版された『標茶記念誌』にも地元の古老による回想がある。また、その二年後にも囚人たちの争いが高じたため不良囚とされた一〇〇名が北海道へ移されている。

一八八九（明治二二）年に三井財閥が三池炭鉱の経営を継承したが、炭鉱経営を指揮したのが、前述した団琢磨だ。団は金子堅太郎と同じ福岡藩出身で親しい間柄であった。三井の経営となった後も囚人労働は継続された。経営が引き継がれた際、囚人労働者の割合は総労働者の約七割を占めていた。

だが囚人たちの劣悪な労働環境や待遇が問題視されていく。福岡県会（現在の県議会に相当）では、一八八八（明治二一）年に囚人の待遇や死亡率の高さから囚人労働を止めるべきとの意見が出された（『みいけ炭鉱夫』）。翌年、福岡県は囚人全員を引き揚げた。官営時代の三池炭鉱の管理責任者ですら坑内の労働が疾病を引き起こすことを認めていた。内務省や司法省からも囚人を採炭に従事させることに対して人道の見地から批判が生じた。

三池集治監の医師だった菊池常喜《きくちつねよし》は、一九〇〇（明治三三）年に三池集治監での死亡率の高さなどを理由に坑内での囚人労働の廃止を訴える意見書を提出した。この意見書は受け入れられず、菊池はその職を辞すことになる。

だが、囚人労働に依存する体制は既に限界を迎えていた。北海道への大量の囚人移送がおこなわれる一方、囚人労働への批判から三池集治監以外からの囚人の派遣も難しい状況に追い込まれていた。結果、囚人労働に代わり一般坑夫を中心とする労働力の転換がおこなわれることになった。

三池工業高校から数百メートル先には、一八九八（明治三一）年に開坑した宮原坑《みやのはらこう》の竪坑が残っている。あとで取り上げるユネスコの世界文化遺産「明治産業革命遺産」の構成資産の一つであり、無料で公開されている。ここは囚人労働が最後まで（一九三〇年）おこなわれていた場所でもある。地元では「シラコ」とも呼ばれていた。「修羅坑《しゅらこう》」が語源とのことである。

宮原坑跡

大牟田の人びとに長く愛されていた飲み物として「オームリンゴ」（リ

ンゴ牛乳）があった。これを製造していたオーム乳業がある勝立《かつだち》工業団地の一角に囚人労働の犠牲者を追悼する解脱塔（一八八八年建立）がある。これは集治監の吏員によって建てられたものであり、塔の背面には「明治二十一年八月　三池集治監吏員立之」の文字がある。もともと、この場所は集治監の埋葬地であった。塔の建立後、三池炭鉱の社宅が建てられ塔の存在は忘れられ放置されていた。

それを大牟田囚人墓地保存会が一九九五（平成七）年に修復した。大牟田囚人墓地保存会は一九六九（昭和四四）年、三池労組の組合員らによって結成された。同会は囚人労働者に対する法要を長年おこなってきた。なお、塔のそばには同会が建立した菊池常喜顕彰碑もある。

一九九六（平成八）年、公園の造成のために解脱塔の下を工事していたところ七〇数体の遺骨が発掘された。解脱塔のよこには古井戸があり、そこから囚人の遺体を投げ込んだという話が地元では伝えられている。そのため、保存会は翌年に解脱塔の傍に新たに合葬之碑を建立した。碑の側面には、「過去に目を閉ざす者は未来をうしなう」と刻まれている。古井戸はふたがされておりその上には地蔵菩薩像が建っている。合葬之碑と地蔵菩薩像に挟まれるように馬頭観音像がある。これも二〇〇六（平成一八）年に同会によって建立されたものである。

合葬之碑、馬頭観音像、地蔵菩薩像

坑内馬と女坑夫

電化が進むまで、坑内での石炭の運搬などには馬が使われていた。大牟田出身で三池炭鉱の歴史を追い続けた武松輝男《たけまつてるお》は、『坑内馬と女坑夫』でこれまで顧みられることがなかった坑内馬について取り上げた。

坑内馬は島原や対馬、熊本などから買い集められた。坑内は高さが十分ではなかったので、使役できるのは肩までが一三〇センチぐらいの体高の低い馬でなければならなかった。このような馬は矮小馬と呼ばれた規格外のものであり、安い値段でしか取引されなかった。ひとたび坑内に下がった馬は生きては地上へ戻ることはなかった。高温多湿の坑内で酷使されるため、次第に体高が減少していく。生存期間の平均は三年に満たなかったという。

先に述べたように、三池炭鉱では囚人労働中心から一般坑夫中心へと転換していくが、その募集方針は、農民のなかでも「世ニ慣レザルモノ」を集めるというものであった。これは、少しでも世間を知るものは逃亡を企てる恐れがあるが、そうでないものは低賃金に甘んじて働くだろうという目算からであった。三池炭鉱には福岡県内のみならず各地から労働者が流入してきたが、とくに熊本県からが多かったようである。

女性たちも坑内で働いた。坑内での機械化が進んでいない時代は、夫婦や家族などの男女が組みとなって坑内に入り、男がツルハシで採炭をし（先山）、女はスラと呼ばれる箱に石炭をつめて運んだ（後山）。狭い坑道では四つん這いになってスラを曳《ひ》いた。

新藤東洋男《しんどうとよお》著『おんな坑夫』には三池炭鉱で働いた女坑夫の話が収められている。その中には八歳から坑内に入った女性もいた。高温度・高湿度の坑内で一二時間、後山の仕事に従事した。わらじは一日に二、三足必要であった。共働きでなければ食べていけないので、出産後も二カ月足らずで赤ん坊は預けて坑内に下りた。それでも手にした賃金で口にできるのは朝鮮・台湾米や味の悪い外米だったそうである。落盤事故にもたびたび遭遇した。しかし、事故で死んだとしても残された家族の生活保障はなかった。

囚人は賃金差別と身分差別、女性は賃金差別と性的差別を強いられ、労働者の中にたえず被差別層をつくる三井の労務政策に利用されたと武松は述べている。そして、このような差別構造の最も底辺に置かれたのが坑内馬であった。三池炭鉱では一九三〇（昭和五）年に禁止されるまで、女子坑内夫による労働がおこなわれていた。坑内馬による石炭運搬も一九三一（昭和六）年まで続いた。

武松は三池労組の機関誌を通して大牟田での公害問題を世に訴えた後、会社から冷遇されながらも、三池炭鉱の歴史を研究し続けた。後に述べる戦時中の炭鉱における朝鮮人、中国人、捕虜らに関する研究にも従事し、日本政府と三井鉱山を相手に行われた中国人強制連行・福岡訴訟の証人にもなった。彼は炭鉱における様々な差別の問題に目を向け続けたが、それには妻が与論島出身だったことが関係していた。

与論島からの移住

一八九八（明治三一）年に与論島を台風が襲った。その被害は甚大で島民たちは深刻な飢饉にさらされた。それ以前にも島では干ばつや疫病などが起こり、島での生活は困難な状況に置かれていた。三池炭鉱で産出された石炭は、国内はもとより中国などへも輸出されるようになっていたが、当初は近くに大型船が停泊できる港はなく、島原の口之津《くちのつ》が積出港として賑わっていた。石炭取扱量の増大にともない、人夫の確保が急務となり、与論の人々の移住が図られることになる。村の指導者である上野應介《うえのおうすけ》の決断により、翌年に第一陣として二五〇名の島民が口之津へ移住した。その後も移住は続き、一二二六名に達したとされる。

口之津での主な仕事は、三池炭鉱から来た小船（団平船）に積まれた石炭を貯炭場に移す作業と、沖に泊まっている本船に団平船

三池港

与論島にある移住の碑

から石炭を積み込む作業であった。後者の仕事は団平船から本船に柵を組み、そこに人々が向かい合って並び、手繰りで石炭を積み込むものである。その時の掛け声が「ヤンチョイサラサラ」といったので、この作業方式をヤンチョイと呼んだ。危険をともなう重労働であったのはいうまでもないが、与えられた配給はサツマイモが主であり、塩や味噌、醤油などは購入せざるを得ず、手元に残った金銭はわずかであった。

口之津の歴史民俗資料館（分館）には、集団移住してきた与論島民の当時の生活を再現した「与論館」がある。また、口之津からは石炭（黒ダイヤ）とともに「からゆきさん」たちが海を渡った。資料館ではこれらの展示も見ることができる。

一九〇八（明治四一）年、大牟田に大型船が停泊できる三池港が完成した。同港は現在も利用されており、世界文化遺産の構成資産の一つになっている。三池港が新たな石炭積出港となったため、口之津では荷役人夫が余ることになった。口之津に移住していた与論島の人たちのなかには島へ戻る人たちもいたが、新たな故郷を作るという思いを抱いて四二八名が三池に移住した。

三池に移っても低賃金による重労働という点に変わりはなかった。若松沢清《わかまつさわきよ》編『三池移住五十年の歩み』には移住当時の回想が紹介されている。「朝は六時三十分着到で、七時より作業にかかりました。月の大半は残業でした。三ケ月半・・・働いても手取りとして、差引一銭も貰わないという人もありました」。このような待遇の悪さの背景には地元の人夫との賃金差別が存在していた。また、言葉や生活風習の違いによる強い偏見にも長い間苦しめられた。

口之津歴史民俗資料館（分館）

時代は下るが、第二次世界大戦での敗戦により与論島を含む奄美群島は一九五三（昭和二八）年までアメリカの統治下に置かれた。「戸籍が与論島にある人々にとっては、結婚し子供が生まれても入籍できず一時的に私生児扱いにされていました。帰島するにも軍政下では手続きに時間がかかり肉親の葬式にも行けませんでした」（『与論島から口之津へ そして三池へ』）。

琉球《りゅうきゅう》北山王朝時代の与論城跡に建つサザンクロスセンターからは与論島が一望できる。センター内は与論の自然や歴史を知るための展示で充実している。その敷地の一角に口之津移住開拓民之碑と上野應介翁頌徳碑が並び建っている。その近くには大牟田・荒尾の与論会をはじめ日本各地の与論会による植樹もあり、島とのむすびつきの強さを感じさせる。

現在、与論島出身の人びとは「大牟田・荒尾地区与論会」を中心に、地域の一員として根づいている。移住一二五年を迎える二〇二四年六月

与論城跡から見た風景

には、訪問団が与論島を訪ねたとのことである。与論島から口之津・三池への移住については、町泰樹《まちたいき》「島を出た人びとの話」(『知られざる境界のしま・奄美』)も参照されたい。

「強いられた労働」と慰霊碑

一九三七(昭和一二)年からの日中戦争および一九四一(昭和一六)年からのアジア・太平洋戦争の遂行に必要な労働力を確保するための方策として、朝鮮半島から朝鮮人が動員されることになる。「募集」や「官斡旋」、「徴用」の方式により、七〇万人強の朝鮮人労働者が「内地」の炭鉱や土木工事現場などで過酷な労働に従事させられた。戦時中、三池炭鉱では九二〇〇名以上が朝鮮半島から動員されたとされている。

一九世紀末から二〇世紀初頭にかけて建設された万田坑は当時東洋一の規模であった。中国の革命家孫文《そんぶん》も日本視察の途中、荒尾出身の革命家宮崎滔天《みやざきとうてん》と共にここを見学している。滔天についてはコラム(五六頁)も参照されたい。現在、世界文化遺産でもある万田坑の第二竪坑櫓などが一般公開されている。この万田坑における「募集」「官斡旋」「徴用」による朝鮮人労働者数(一九四一年~四五年)は一七〇〇名を超えた。過酷な環境に耐えきれずに四割以上が逃走し、四〇名近くの死者が出た(『新大牟田市史 三池炭鉱近現代史編』)。

一九八九(平成元)年、戦時中に朝鮮人が収容されていた馬渡《まわたり》社宅の押し入れの壁に、朝鮮人によって書かれた落書きが発見された。現在、大牟田のミスターマックス近くにある馬渡第一公園には、その落書きを復元した記念碑が建立されている。なお、現物は大牟田市の石炭産業科学館に展示されている。

大牟田市の北側に位置する甘木山《あまぎやま》にある甘木公園内には徴用犠牲者慰霊碑がある。碑の裏側には建立者として「在日コリア大牟田　代表　禹判根《ウパングン》」、協力者として大牟田市と三井系の企業三社の名が刻まれている。禹判根氏の尽力により、敷地は大牟田市が無償貸与し、建設費は三井系の企業が負担して一九九五(平成七)年に建立された。日本語と韓国語で書かれた碑文の一部は表現が異なっている。日本語では「この地に徴用され」とある箇所に、韓国語では「強制」という文言が追加されている。現在も慰霊祭が営まれており、二〇二三年九月には二八回目を迎えた。

万田坑跡

アジア・太平洋戦争においては、朝鮮人に加えて中国人と連合軍の捕虜も労働に従事させられた。戦争末期、三池炭鉱全体では朝鮮人・中国人・捕虜が三〇%以上を占めていた。

大牟田駅から東へ一キロほどのところに宮浦石炭記念公園がある。ここは宮浦坑があった場所であり、今もボイラーの排煙用の煙突がそびえている。公園には三井三池炭鉱宮浦坑中国人殉難者慰霊碑がある(二〇一三年建立)。この碑の建立の由来などについてはコラム

（二九頁）を参照されたい。

荒尾市の東に位置する小岱山《しょうだいさん》の麓にある正法寺には「中国人殉難者慰霊之碑」と朝鮮人犠牲者のための「不二之塔」がある。これらは一九七二（昭和四七）年に建立された。赤星善弘《あかほしぜんこう》住職が中心となって托鉢によって資金を集めた。江川紹子《えがわしょうこ》によるインタビュー記事によれば、碑の建立の原点には住職が戦時中に見た飢えに苦しんでいた中国人労働者たちの姿があった。不二之塔の除幕は約半年遅れたが、その原因は碑の名称をめぐって朝鮮総連と民団との対立があったためで、最終的には仏教用語で「本来は一つ。二つにあらず」という意味の「不二」という名称で落ち着いたそうである（「光強ければ影も濃い」）。

朝鮮から樺太《からふと》（サハリン）・釧路、三池へ

韓国の釜山《プサン》広域市にある国立日帝強制動員歴史館は、戦時中におこなわれた「強制動員」をテーマとする施設である。来訪者は動員被害者の証言を聞くことができるが、その中にチョン・ソンテ（정성태）氏のものがある。彼は一九二七（昭和二）年に慶尚北道《キョンサンブクド》で生まれ、戦時中は樺太（サハリン）にあった三井の西柵丹《にしさくたん》炭鉱で労働に従事していた。そして戦争末期に福岡県の筑豊にあった三井山野炭鉱に移動させられた。敗戦後、父親の指示により故郷の祖父母の元に戻ったが、父親は家族が残っていた樺太に向かった。その後、父親とは二度と会うことはできなかったという。なお、国立日帝強制動員歴史館についてはⅤ章、筑豊の炭鉱の過去と現在についてはⅢ章をそれぞれ参照されたい。

一九四四（昭和一九）年八月、日本政府は戦況悪化により「内地」への石炭の輸送が困難となったため、樺太や釧路の炭鉱での採炭を中止し、労働者を北部九州などの「内地」の炭鉱へ移動させた。樺太からは約九七〇〇名（うち約三割は朝鮮人労働者）が対象となり、チョン・ソンテ氏が働いていた西柵丹炭鉱からは、山野炭鉱に三八三名、三池炭鉱に三八六名が移されたとされる。釧路からも約六〇〇〇名（うち約半数は朝鮮人労働者）が九州の炭鉱への移動対象となった（『昭和十九年夏、樺太の炭鉱閉山』、「釧路炭田における戦時下『急速転換』」）。

井上佳子《いのうえけいこ》『三池炭鉱「月の記憶」』と熊谷博子《くまがいひろこ》『むかし原発 いま炭鉱』には荒尾市在住の沈載吉《シムチャギル》氏の証言が紹介されている。京畿道《キョンギド》出身の彼は、一九四一（昭和一六）年二二歳の時に釧路の春採《はるとり》炭鉱に連れていかれ、そこで働いたのち、三池に移された。空腹に耐えながらも休まずに働いたが、一度だけ高熱のため家で休んだことがあった。すると事務所に呼び出されて、ベルトコンベアのベルトを裁断したもので血だらけになるまで叩かれたという。

彼と同様に春採炭鉱から三池炭鉱へ移動した者のなかに上甲米太郎《じょうこうよねたろう》がいる。愛媛《えひめ》県出身の上甲は、朝鮮の普通学校の教員となり、朝鮮人児童と接することになる。そのなかで、植民地支配のあり方に疑問を抱くとともに社会主義思想へ接近していく。朝鮮人の教え子とともに読書会を結成するが、治安維持法違反容疑で逮捕され、京城《けいじょう》（現在のソウル）の西大門刑務所に一年間投獄される。

上甲は、一九四一（昭和一六）年に春採炭鉱の労務係・朝鮮語通

訳として勤務することになる。その後、三池炭鉱へ送られ、そこで敗戦を迎える。釧路・三池時代の上甲の足跡は詳らかになっていないが、親交のあった沈載吉氏にとっては常に相談に応じてくれ、優しく世話をしてくれた「恩人」だった。

二〇一五（平成二七）年、「明治日本の産業革命遺産―製鉄・製鋼、造船、石炭産業」が世界文化遺産に登録された。その構成資産には三池炭鉱の宮原坑や万田坑、三池港も含まれている。三池炭鉱に対して世界史的価値が認められることになった。

しかし、この登録をめぐっては、韓国政府や中国政府の反発を招いた。近代日本の産業化の象徴という「明るい」側面だけを強調するストーリーに対しては、日本国内でも批判が出ている。

三川坑をめぐって

ここまで、近代における三池炭鉱の歴史とそれにまつわる碑や歴史的な建造物を紹介してきた。他にも、戦後の三池炭鉱の歴史を語る上で欠かせない三川坑跡地も公開されている。ここは戦中・戦後の三池炭鉱の主力坑であり、昭和天皇の戦後巡幸先の一つとなった。

戦時中、三川坑の近くの新港町《しんこうまち》には福岡俘虜《ふりょ》収容所第一七分所があった。ここは国内最大の捕虜収容所であり、敗戦時にはアメリカ、オーストラリア、オランダ、イギリスなどの連合国の捕虜一七三七名が収容され、三川坑などでの労働を強いられた。その中には泰緬《たいめん》鉄道の建設に従事させられた人たちもいた。収容中の死亡者の数は一三八名である（『捕虜収容所・民間人抑留所事典』）。

一九六三（昭和三八）年、三川坑で炭じん爆発事故が起こった。この事故は、三井が採炭を最優先し安全対策を軽視した結果起こったとされている。死者四五八名を出した戦後最悪の労働災害といわれている。また、生き残った人々のうち、八三九名が一酸化炭素（ＣＯ）中毒患者となった。ＣＯ中毒の後遺症は脳の機能に甚大な影響を与えるが、この点についての理解が得られず、患者や家族は職場や周辺の住民からの冷遇や偏見に苦しんだ。患者・家族が抱える問題は現在も残されている。

徴用犠牲者慰霊碑（甘木公園）

一九九〇年代以降、日本国内では「近代化遺産」や「産業遺産」という用語が登場したことにより、かつては「負の遺産」と呼ばれていた炭鉱の価値を再評価する動きが生まれた。このことは、地域の人びとにとって地元に愛着を持つ貴重な材料をもたらすことであるといえよう。その一方で、今回紹介したような、いわば「不都合な歴史」をめぐる歴史の掘り起こしや慰霊碑の建立、慰霊祭の開催なども地域の人々によって担われてきた。そして、炭鉱をめぐる出来事は過去のものにはまだなっていない。

むすびにかえて

「一九九五年の夏を私は一生忘れないだろう」「この町の歴史を多少なりとも知ったことで、自分の本当の居場所が見えてきたような気がしてきた」。地元の高校生中川雅子《なかがわまさこ》が、閉山間際の三池炭鉱の歴史をたどりまとめた『見知らぬわが町』のなかの一節である。一九九七年に三池炭鉱は閉山となるが、その頃から三池炭鉱の歴史を振り返る著作が世に出るようになった。森崎和江《もりさきかずえ》・川西到《かわにしいたる》『与論島を出た民の歴史』（復刊）や奈賀悟《ながさとる》『閉山 三井三池炭鉱』などである。

　さらに、ユネスコ世界文化遺産登録の機運が高まる頃には、井上佳子《いのうえけいこ》『三池炭鉱「月の記憶」』と熊谷博子《くまがいひろこ》『むかし原発 いま炭鉱』が出版された。この二冊はそれぞれテレビ番組と記録映画の取材をベースに執筆されている。この章を執筆するに際してもこれらの著作を参考にさせてもらった。

　熊谷博子監督による映画『三池 終わらない炭鉱の物語』はDVDで見ることができる。七年もの時間をかけて制作されたこの映画は「炭鉱に生きてきた人の声を残す」という思いを大牟田市の協力を得ながら作品にしたものである。囚人労働から戦後の炭鉱事故まで、関係者の証言を通して「負の遺産」と呼ばれていた出来事を映像化した。なお、この映画のもとになった映像は、大牟田市の石炭産業科学館の映像資料「こえの博物館」に収められている。

三川坑跡

　大牟田で育った西村健《にしむらけん》は、三池炭鉱の歴史を背景としたミステリー小説『地の底のヤマ』を著した。西村は「日本の戦後史の一断面が我が町には凝縮されている」「『負の遺産』と言われるようなものまで、キッチリ書き込む必要がある。そうでなければ意味はない」といった思いで執筆した。

　大牟田・荒尾をめぐる際には、これらの作品のいずれかでも目を通すとかつての三池炭鉱のイメージが膨らむであろう。JR大牟田駅前の観光案内所などでは、三池炭鉱に関するガイドマップを手に入れることができる。この地図を片手に三池炭鉱の歴史に触れてみていただきたい。

（山田良介）

■参考文献

上野英信『どきゅめんと・筑豊―この国の火床に生きて』社会新報、一九六九年。

長井実編『自叙益田孝翁伝』中公文庫、一九八九年。

小池喜孝『鎖塚 自由民権と囚人労働の記録』岩波現代文庫、二〇一八年。

大牟田市史編さん委員会編『新大牟田市史 三池炭鉱近現代史編』大牟田市、二〇二一年。

猪飼隆明『熊本の明治秘史』熊日新書、一九九九年。

荒尾市史編集委員会編『荒尾市史 通史編』荒尾市、二〇一二年。

石川保『三池集治監物語―三井三池炭鉱発展の礎石』一九九七年。

高橋虎編著『標茶記念誌』洗硯書院、一九三六年。

山根房光『みいけ炭鉱夫』労働大学、一九六一年。

武松輝男『坑内馬と馬夫と女坑夫』創思社、一九八二年。

新藤東洋男『おんな坑夫―三井三池鉱山を素材に』演劇集団あらぐさ、一九七一年。

若松沢清編『三池移住五十年の歩み』与洲奥都城会、一九六六年。

口之津移住百年祭記念誌編集委員会編『与論島から口之津へ そして三池へ』大牟田・荒尾地区与論会、二〇〇一年。

竹内康人『調査・朝鮮人強制労働①炭鉱編』社会評論社、二〇一三年。

矢野牧夫『昭和十九年夏、樺太の炭鉱閉山―国家機密　全炭鉱夫を至急「内地」へ送れ』樺太の歴史を学ぶ会、二〇〇六年。

石川孝織他「釧路炭田における戦時下『急速転換』―経験者の証言を中心に」『エネルギー史研究:石炭を中心として』二七号、二〇一二年。

井上佳子『三池炭鉱「月の記憶」―そして与論を出た人びと』石風社、二〇一一年。

熊谷博子『むかし原発 いま炭鉱―炭都［三池］から日本を掘る』中央公論新社、二〇一二年。

上甲まち子他『植民地・朝鮮の子どもたちと生きた教師 上甲米太郎』

大月書店、二〇一〇年。

POW研究会事典編集委員会編『捕虜収容所・民間人抑留所事典―日本国内編』すいれん舎、二〇二三年。

中川雅子『見知らぬわが町―一九九五 真夏の廃坑』葦書房、一九九六年。

森崎和江・川西到『与論島を出た民の歴史』葦書房、一九九六年。

奈賀悟『閉山 三井三池炭鉱一八八九―一九九七』岩波書店、一九九七年。

西村健『地の底のヤマ』講談社、二〇一一年。

町泰樹「島を出た人びとの話」平井一臣編『知られざる境界のしま・奄美』(ブックレット・ボーダーズ 八号)北海道大学出版会、二〇二一年。

江川紹子「光強ければ影も濃い―歴史の多面性を伝える世界遺産に」yahooニュース、二〇一五年六月一日。

「大牟田の徴用犠牲者慰霊碑、実現させた信頼「三者」で取り組み四世紀超」『西日本新聞』web版、二〇二二年九月二六日。

「朝鮮半島出身犠牲者の慰霊祭 日韓関係の深化願う」『西日本新聞』web版、二〇二三年九月二五日。

「過酷な労働に心の支え 熊本の元朝鮮人炭鉱労働者・沈さん 恩人の娘と夢の対面」『西日本新聞』二〇〇八年六月一二日。

宮原坑・万田坑エリア

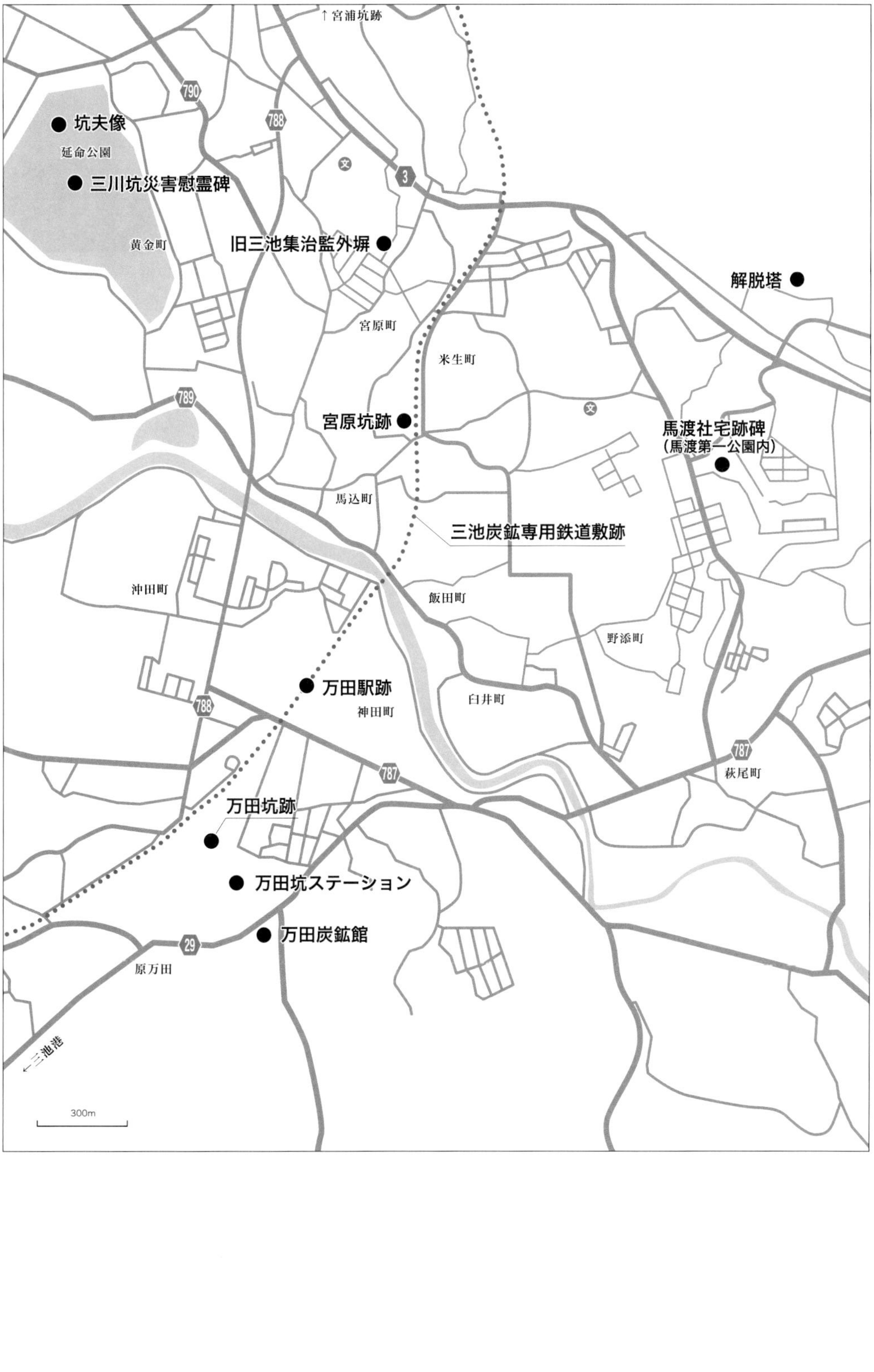

↑宮浦坑跡
790
788
3
文
坑夫像
延命公園
三川坑災害慰霊碑
黄金町
旧三池集治監外塀
解脱塔
宮原町
米生町
789
宮原坑跡
文
馬渡社宅跡碑
（馬渡第一公園内）
馬込町
三池炭鉱専用鉄道敷跡
沖田町
飯田町
野添町
万田駅跡
神田町
白井町
788
787
787
萩尾町
万田坑跡
万田坑ステーション
万田炭鉱館
29
原万田
←三池港
300m

コラム

髙木 尚雄（一九二三－二〇一五）の三池炭鉱の記録写真について

熊本県荒尾市には、三井鉱山三池鉱業所の職員であった髙木尚雄《たかきひさお》氏が約半世紀にわたり撮影し続けた三池炭鉱の写真資料群がデジタルアーカイブとして保存されている。これらの写真資料群は、撮影期間の長さと撮影枚数、また坑内労働から生活の様子までを含めた網羅性という点でも、炭鉱の記録写真として全国でも稀有な例であると言えるだろう。

髙木氏は、一九二三（大正一二）年に熊本県玉名郡平井村（現荒尾市）で八人兄弟の長男として生まれた。終戦後に上海からの引揚者として故郷にもどり、三井鉱山三池鉱業所に入社、四山鉱《よつやまこう》の坑内機械工として働きはじめた。一九五〇（昭和二五）年に人事係勤務に転属した後、カメラが趣味であった髙木氏は、一九五八（昭和三三）年頃から三池炭鉱を撮影するようになった。

万田坑二坑櫓と45トン電車　1970年4月26日
（©2015髙木尚雄）

髙木氏の撮影は約半世紀、九〇歳近くになるまで続いた。その間に、三池炭鉱に関する施設や風景、労働や生活の様子、人物や道具など数多くの記録を残した。その数は写真及び関連資料五七二点、ネガフィルム約六千コマに及ぶ。

髙木氏は、なぜこれほどまでに三池炭鉱の撮影に情熱を傾けたのだろうか。髙木氏は七〇歳を過ぎてから亡くなるまでの間に、自身が撮影してきた写真を整理し、『わが三池炭鉱―写真記録帖』（一九九七年）、『地底の声―三池炭鉱写真誌』（二〇〇三年）、『三池炭鉱遺産―万田坑と宮原坑』（二〇一〇年）の三冊の書籍を出版している。髙木氏は寡黙な人柄であったそうであるが、これらの書籍のなかでも三池炭鉱の「記録者」に徹し、自身について語ることは少ない。しかし、自身について語るわずかな文章やその行間から、三池炭鉱で働いてきたことへの誇りと愛着を持っていたことが分かる。

荒尾市万田社宅　1971年4月5日（©2015髙木尚雄）

髙木氏は『地底の声―三池炭鉱写真誌』のなかで、三池炭鉱の歴史を記録することについて次のように述べている。

> 滔々たる物質文明の流れの中で消失した三池炭鉱の歴史は、そのまま大牟田市、荒尾市生成の歴史でもあります。ヤマ（炭鉱）の歴史の保存に努力することは、生死を賭して働いた幾多の先人や同僚たちの鎮魂のうたでもありましょう。

三池炭鉱の栄枯盛衰と劣悪な労働条件の真暗な坑内で働いていた多くの炭鉱マンたちの記録を後世に残しておかなければならないと思います。貯炭場の跡に立つと、かすかに尾をひく挽歌が聞こえてくる気がします。痛ましくも哀しい石炭との離別、といった感懐を禁ずることができません。炭塵を浴びて働いていた逞しいヤマの男の姿がありました。

高木氏が趣味の被写体としてではなく、いつ頃から三池炭鉱の歴史を後世に残すことを意識してシャッターを切るようになったのかは分からない。しかし、高木氏が残した写真資料群を眺めていると、すでに早い時期から、三池炭鉱の風景や生活、労働の様子を細部まで記録として残そうとする意志のようなものが感じられる。

高木氏が残した三池炭鉱の記録写真のなかでも、とくに貴重と言えるのは、坑内の風景と労働の様子を撮影した写真であろう。高木氏は一九六七（昭和四二）年と一九七八（昭和五三）年に会社から許可を得て、港沖四山鉱の坑内の撮影に取り組んだ。私用での入坑のため、仮に怪我をした場合も労災保険や健康保険の適用も受けられず、落盤・ガス爆発・火災などを常に気にしながらの「命懸けの撮影」であったと後に高木氏は語っている。撮影条件も非常に悪く、温度三〇度以上、湿度一〇〇パーセント近い場所で撮影することもあった。また真っ暗な坑内での撮影であったため、カメラのシャッターとストロボがうまく同調せず、フィルムを現像しても何も写っていないこともあったという。

切羽（採炭現場）で作業中　1967年6月11日
（©2015髙木尚雄）

今を生きる私たちは、高木氏が撮影した写真をとおして、当時の三池炭鉱の坑内の様子や労働の現場の息遣いを視覚的に知ることができる。どうやって石炭を掘っていたか、支柱をどう立てていたか、採炭現場や掘進現場はどのようなところであったか、働いている人たちの表情はどのようであったか、等々。実際、高木氏の写真資料群以外にこの時期の三池炭鉱の坑内を撮影した写真はほとんど残っていない。もし高木氏が坑内の撮影に取り組まなければ、これら視覚的な記憶は多くは当事者の頭のなかだけにとどまり、私たちがそれらに触れる術は永遠に失われていたことだろう。

地下520mの弁当　1967年6月11日（©2015髙木尚雄）

高木氏は二〇一五（平成二七）年一月に九二年の生涯を閉じた。高木氏の写真資料を保存することの重要性は、すでに生前から荒尾市教育委員会のなかで認識されていたが、高木氏の死去、および三池炭鉱関連施設の世界遺産登録の動きを契機に、その取組が実現した。高木氏の親族の協力のもと、自宅に残されていた写真および関連資料五七二点（後にネガフィルム二二九本）を荒尾市教育委員会が一時的に預かり、筆者が所属していた福岡大学福岡・東アジア・地域共生研究所がその整理とデジタル化に取り組んだ。写真および関連資料の整理とデジタル化はその翌年に完了したが、六千コマにも及ぶネガフィルムのデジタル化がすべて完了するまでに、さらに五年の歳月を要した。

　これらデジタル化された写真資料の一部は、現在は三池炭鉱万田坑のガイダンス施設である「万田坑ステーション」のなかでデジタルアーカイブとして一般公開されている。また、高木氏が撮影した写真をもとに、地下二五〇メートルの坑内と労働の様子をCGで再現したVR映像も制作され、同施設内や荒尾市公式ＹｏｕＴｕｂｅチャンネルで視聴することができる。その他にも、これらの写真資料は地域の記憶資源として、企画展やイベント、郷土学習などのさまざまな機会に活用されている。高木氏が願ったように、三池炭鉱に生きた数多の人びととの記憶を後世に伝えようとする意志は、今もこのまちのなかでいきづいている。

（山田雄三）

万田坑構内で開催された髙木尚雄写真展
「記憶の未来」の展示風景（2020年）

■参考文献

髙木尚雄『わが三池炭鉱―写真記録帖』葦書房、一九九七年。
髙木尚雄『地底の声―三池炭鉱写真誌』弦書房、二〇〇三年。
髙木尚雄『三池炭鉱遺産―万田坑と宮原坑』弦書房、二〇一〇年。

コラム

三井三池炭鉱宮浦坑中国人殉難者慰霊碑について

三井三池炭鉱宮浦坑中国人殉難者慰霊碑は、第二次世界大戦中に三井三池炭鉱に強制連行され過酷な労働の末に死亡した中国人を追悼するために、大牟田市の宮浦坑跡（宮浦石炭記念公園）に建立された。二〇〇九年一二月に日中友好協会大牟田支部が大牟田市に申し入れ、二〇一三年六月に着工し、除幕式と最初の慰霊祭が行われたのは同年八月四日であった。除幕式には、のちに述べる矢田正剛《やだせいごう》を司会とし、中国人強制連行強制労働福岡訴訟原告団長の雀書進《じゃくしょしん》、原告のご子息謝民《しゃみん》、中国人弁護士の康健《こうけん》、中国駐福岡総領事館の白涛《はくとう》領事、大牟田市関係者、日中友好協会員ら一〇〇人を超える人々が参加した。

宮浦坑跡に建立された三井三池炭鉱宮浦坑中国人殉難者慰霊碑の碑文は次の通りである。

「悲しみは　国境を越え　ここに眠る／　去る世界大戦の末期において、日本政府は国内の労働力不足を補うために、当時侵攻していた中国大陸で中国人捕虜や住民などを強制的に連行しました。中国人約四万人が強制連行され、炭鉱、港湾や土木作業に従事させられ、過酷な労働や事故、病気等によって約七千人が無念の死を遂げられました。／　三井三池炭鉱にも萬田坑や四山坑、宮浦坑などに二四八一名が連行され、六三五名が尊い命を奪われました。船中死亡九五名は水葬されました。／　この三井三池炭鉱宮浦坑では、五七四名が連行され、強制労働に従事させられ、そのうち四四名が亡くなられました。／　生きて母国へ帰還できなかった無念の思いを考える時、戦争による強制連行・強制労働は人間として許されない罪悪であります。／　私たちは今こそ中国人殉難者に心から謝罪し、この過ちを繰返さない為に、あなた方のみ霊の前に永久不戦、恒久平和の誓いと日本と中国の友好を進めることを決意し、ここに「三井三池炭鉱宮浦坑中国人殉難者慰霊碑」を建立いたします。／　二〇一三年七月七日」

（／は改行を指す）

何の犠牲か

アジア・太平洋戦争のさなか、日本の総動員政策はついに外国人らを使役しはじめた。一九四二年一一月二七日、東条英機《とうじょうひでき》内閣は戦時の労働力不足に対応するため「華人労務者内地移入に関する件」を閣議決定した。本決定に基づいて、東亜省、外務省、日本軍が連携し、北京の華北労工協会による供出や、掃討作戦による農民の拉致、それ

三井三池炭鉱宮浦坑中国人殉難者慰霊碑

に捕虜の連行という手段をもって四万人余の中国人を労工として日本各地の一三五事業所（三五企業）へと送った。彼らは全員鉱山、土建現場、港湾荷役などに投入された（福岡高裁）。朝鮮人・中国人労務者の労働や生活などの待遇は劣悪なものであった。

　三井三池炭鉱には全体で二四八一名の中国人が連行され、六三五人が死亡した。そのうち宮浦坑では、五七四人が連行され、四四名が死亡している（万田坑・四山坑には一九〇七名が連行され、五九一名が死亡した）。

　炭鉱史研究で知られる故武松輝男《たけまつてるお》の丹念な調査によって、中国人労務者の犠牲者の数が明らかとなり、前記碑文はその研究を基礎として犠牲者数を明記することができた。戦時下の三池炭鉱における中国人の強制連行・強制労働の事実については司法において認定されている。二〇〇九年三月、福岡高等裁判所は、地裁判決に引き続いて、国が中国人労働者移入政策を実施し、原告らの意思に反し拘束し日本に強制連行し、事業場の経営を支配し、中国人被害者の監視に当たるなど強制労働に加担したもので、その行為は不法行為に当たると認定した。また、企業についても、中国人がその意思に反して日本に輸送されるものであることを知りうる状況にありながら、中国において中国

三井三池炭鉱宮浦坑中国人殉難者慰霊碑の碑文

人被害者の引き渡しを受けてその輸送を行い、各鉱業所において直接強制労働させたもので、この行為は不法行為に当たると認定した。したがって三井三池炭鉱宮浦坑中国人殉難者慰霊碑は、日本の司法において認定された事実をふまえて建立されているものである。

誰によって建立されたか

　慰霊碑建立の主体は、先にも述べたように日中友好協会大牟田支部であり、中心人物は矢田正剛《やだせいごう》や堀榮吉《ほりえいきち》であった。矢田は、一九三九年生まれ熊本県出身で、一九五七年三月に三井鉱山が経営していた専門学校（三年制）である三井三池鉱山学校電気科を卒業し、同年同月より三井三池鉱業所宮浦坑に入社し、鉱内電気工として働いた炭鉱マンであり、一九五九年から始まる三池闘争（争議）で解雇された経歴をもつ。その後、一九七五年に日中友好協会に入会し、同会大牟田支部事務局長をつとめた（二〇二三年現在の事務局は堀榮吉）。矢田が三井三池炭鉱中国人殉難者慰霊碑の建立事業に着手したのは、中国人労務者の犠牲が自身と深く関わっていると認識するようになったからであった。二〇〇五年ごろ、矢田は知り合いに連れられて小岱山《しょうだいさん》に登った。小岱山にはすでに三池炭鉱中国人殉難者慰霊塔が建っていた。矢田は同慰霊塔を直接見るまでは、その存在すら知らなかったという。矢田は立派な塔の姿に驚いたが、同時により人目につくところに立て直さねばならないと痛感したという。

小岱山の三池炭鉱中国人殉難者慰霊塔

小岱山の三池炭鉱中国人殉難者慰霊塔は、大牟田市民からアウトドアレジャーの場として愛される小岱山の中腹に建立されている。同慰霊塔は、熊本県荒尾市で食堂を経営する深浦隆二《ふかうらりゅうじ》を中心として一九八三年に完成した。深浦は矢田の先輩にあたり、一九三四年より一九六二年に退職するまで、三井三池万田坑で仕繰工として労働した元炭鉱マンであった（『朝日新聞』一九八二年一〇月四日）。

中国人労働者たちの悲惨な労働や生活環境は、当時の炭鉱労働者のあいだではよく知られていたようだ。一九八二年九月の『朝日新聞』に次のような深浦の短い回想が紹介されている（『朝日新聞』一九八二年九月二一日）。鉱内では厳しいノルマと日本人指導員による虐待があった。宿舎は鉄条網で囲んだ急造のバラックであり、満足な食事は与えられなかったという。深浦は、三池炭鉱における中国人の労働と生活がいかに苛酷なものであったかをよく知っていた。同紙は、深浦が中国人慰霊に取り組むきっかけとして次のような出来事があったと記録している。一九四四年五月一六日に三川鉱内で火災が発生し、採炭現場にいた中国人労働者三七人と日本人労働者一一人が死亡した。深浦は救護隊員として現場に駆けつけた。

そこで見たのは五人、三人と抱き合って、みんな口から血を流して死んでいる光景だった。「一人の救護隊員が、遺体を炭車に入れながら、『許してくれ、許してくれ』と口走り、片手で遺体を拝む姿を目撃した。『戦後、私が慰霊塔建立に執念を燃やすようになったのは、この時の光景が脳裏に焼き付いて離れなかったからです』。」「許してくれ、許してくれ」との言葉には、同じ人間が、人間として扱われないことへの抵抗感と、にもかかわらず、それに自らも加担せざるを得ないという贖罪意識が滲み出ている。その後、深浦は『慰霊もしないで何が親善だ』という思い」で、荒尾市や近隣の町長、議員、各地の華僑連合会などの協力を得て、一九八三年に小岱山の三池炭鉱中国人殉難者慰霊塔を完成させた（『朝日新聞』一九八二年九月二一日）。

なぜ新たに建立したのか

矢田らは、小岱山の三池炭鉱中国人殉難者慰霊塔の存在に大きな影響を受け、福岡高裁で認定された事実などを踏まえ、戦時中に中国人の犠牲者を出し、矢田自身も鉱内で労働した宮浦坑に「慰霊碑」を立てることを決意した。小岱山の慰霊塔は大牟田市の隣、荒尾市の小岱山の西峰の公園「不戦の森」にある。筆者も訪問したが、ボランティアの手によって整備や清掃が行われてはいるものの、道路の舗装はされておらず、初心者が単独で訪問するのは困難な場所にある。同慰霊塔は、

小岱山の三池炭鉱中国人殉難者慰霊塔

まったく個人の土地に個人的な趣旨で作られたもの、とみなされた。このため、一般地図や観光用地図での記載はなく、外国人はもちろんのこと、三池炭鉱の歴史を学ぼうと日本人が訪れようとしても、山の中腹という立地の問題や、位置情報が容易に得られないことから、なかなか慰霊塔にたどりつけないという状況にあった。矢田が宮浦坑に新たに建設しようと考えたのは、司法によるいちおうの決着とともに、前記のような立地上の理由があった。

矢田は、仲間とともに新たに中国人殉難者慰霊碑の建立を目指して活動をはじめた。資金はカンパであり、費用は約三五〇万円だったという。二〇〇九年には、慰霊碑建立を大牟田市へ公式に申し入れ、二〇一三年六月一〇日には、日中友好協会と大牟田市との間に、第一に協会が慰霊碑を建立、慰霊祭を行う。第二に、市は慰霊碑の用地を無償貸与するとの確認書が交わされた（『朝日新聞』二〇一三年六月二〇日）。慰霊碑用地は、宮浦石炭記念公園内であり、地域行政は用地提供という形で協力姿勢をとることになった。慰霊碑建立は地域行政の協力を取り付けることに成功した。この背景には、世界的に近代産業遺産ブームがおこっており、世界遺産への登録推進の波が大牟田・荒尾地域にも押し寄せていたこともあろう。

何が受け継がれているのか

小岱山の三池炭鉱中国人殉難者慰霊塔の碑文冒頭には「悲しみは国境を越えて」という一節がある。宮浦坑に完成した三井三池炭鉱宮浦坑中国人殉難者慰霊碑の碑文冒頭の「悲しみは　国境を越え　ここに眠る」という一節へと継承されている。慰霊碑の建立の中心人物であった矢田は先輩炭鉱マンから何かを確実に受け取っている。矢田は次のように教えてくれたことがあった。「〔炭鉱マンとして働いていた当時〕私たちがこなぃきつい目にあうのは、鉱内労働でですね、一般労働から見ると話にならんようなきつい目に合うのは、三池炭鉱で中国人やら連合軍捕虜やらが無茶な使い方されたと、その労働のやり方を受け継いどるから、こう、我々がこういう苦しい目に合うのだと。だから我々は、頑張って普通の労働者なみの労働条件を勝ち取ろうやないか、というのが三池闘争の根源ですからね。」（「文化資源をめぐる地域共生戦略」）

最後の言葉に矢田の活動の根拠が示されているように思う。別の講演では「三井三池炭鉱指名解雇反対闘争」について「働く者の命と暮らしを守る闘い」だったと表現している（『三池炭鉱掘り出し物語Ⅰ』）。三井三池炭鉱の鉱内労働の現場には、人間を人間として扱わない負の歴史が渦巻いていたであろう。戦前の囚人労働に始まり、与論島からの移住者は差別され重労働を担わされた。戦時下には中国人・朝鮮人や連合軍捕虜への強制労働もあった。

三池争議 警官隊と衝突する組合員（1960年5月12日撮影）
朝日新聞社「アルバム戦後25年」より

戦後、戦争で焼けだされた者、あるいは大陸から引き揚げた者、戦後の困窮の中にいた者は、過酷な労働条件のもとで炭鉱労働者として働かざるを得なかった。矢田にとって彼らはみな時代を超え、国境を越え、社会的身分を超え、同じく鉱内で「働く仲間」であった。

負の歴史は一九五九年末に戦後最大の労働争議といわれた三池闘争を作り出す。矢田は、三池労組の若きリーダーであった。矢田らは三池闘争の後も闘いをやめなかった。明晰な矢田は、戦前の囚人労働、差別され重労働を担わされた与論島からの移住者、朝鮮人や中国人への強制労働、連合軍捕虜への強制労働、そして自らも闘った三池闘争をひとつながりのものとしてとらえた。一連の負の歴史を放置することは矢田を苦しめたものを放置することを意味したであろう。ゆえにこれらの負の歴史から目をそらさず、克服していこうとする努力を怠らなかったのであろう。矢田らは、二一世紀に入って日中関係が悪化する逆境のなかで、中国人犠牲者の慰霊を果たした。

三井三池炭鉱宮浦坑中国人殉難者慰霊碑は一見するに負の歴史を想像させる。だが、矢田らに寄り添えば、慰霊碑の建立は自らを苦しめた負の歴史に打ち勝つ方法であり、正の未来へと変換する動かざるモニュメントとなるのだ。

（藤村一郎）

■参考文献

田中宏、松沢哲成編『中国人強制連行資料―「外務省報告書」全五分冊他』現代書館、一九九五年。

武松輝男『葬火不熄烟―三井三池炭鉱強制連行中国人「50年目の過去」(復刻版)』日中友好協会福岡県連合会、二〇一〇年。

福岡大学総合科学研究チームによる「文化資源をめぐる地域共生戦略（Local Sustainability Strategies on Cultural Resources）平成二四年四月一日―平成二六年三月三一日」調査資料「矢田正剛インタビュー」1、調査日時二〇一四年二月七日午後二時から四時、インタビューアーは筆者。会場は大牟田市駛馬公民館。

藤村一郎「ローカル・イニシアティブと『負の遺産』―三井三池炭鉱宮浦坑中国人殉難者慰霊碑建立に関する一考察」『久留米大学法学』第七三号、二〇一五年。

NPO法人大牟田・荒尾炭鉱のまちファンクラブ、福岡大学福岡・東アジア・地域共生研究所、大牟田市石炭産業科学館編『三池炭鉱 掘り出し物語―六人が語る炭鉱の記憶』二〇一九年（矢田正剛氏の講演を収録）。

NPO法人大牟田・荒尾炭鉱のまちファンクラブ『三池炭鉱 掘り出し物語Ⅳ―記憶を未来へつなごう』二〇二二年（堀榮吉氏の講演を収録）。

「中国人労働者の慰霊塔建立へ　三池炭鉱の元炭鉱マン」『朝日新聞』一九八二年九月二一日（夕刊）。

「三池炭鉱で死んだ中国人労働者の慰霊に取り組む　深浦隆二」『朝日新聞』一九八二年一〇月四日。

「中国人慰霊碑、建立へ　宮浦坑跡、強制連行記し」『朝日新聞』二〇一三年六月二〇日。

Ⅲ　九州の炭鉱から―筑豊《ちくほう》

筑豊炭田―栄光から解体へ

「筑豊ナンバーっていうだけで引かれる。『筑豊やん！』って。何でなん？」筑豊から自動車で通う学生がいう。たしかに「筑豊ナンバー」をインターネットで検索すると、「お断り」「やばい」といった関連ワードとして表示される。なぜこのようなイメージが筑豊に形成されたのだろうか。本章では、筑豊のイメージを辿る短いフィールドワークに出てみよう。

福岡県を流れる一級河川、遠賀川《おんががわ》。北九州市最大の水源地である。秋の河川敷ではコスモスが咲き誇り、「こどもの日」には一五〇匹の鯉のぼりが空を泳ぐ。川の流域には石炭層が広がり、明治中期以降には炭田が栄えていた。現在の北九州市、中間《なかま》市、直方《のおがた》市、飯塚《いいづか》市、田川市、山田市と遠賀《おんが》郡、鞍手《くらて》郡、嘉穂《かほ》郡および田川郡の六市四郡にまたがる炭鉱を筑豊炭田と呼んだ。筑豊とはこの筑豊炭田があった地方、地域を指す。筑豊地域は、直鞍《ちょくあん》地区（直方市、宮若《みやわか》市、鞍手郡）、嘉飯山《かはんざん》地区（嘉麻《かま》市、飯塚市、嘉穂郡桂川《けいせん》町）、田川地区（田川市、田川郡）で構成される。なお遠賀郡と中間市は、北九州地区に分類されることが多い。

明治に入ってから筑豊炭田の開発は急速に伸びていった。全国石炭の六〇％以上をこの炭田から掘り出したこともあったほどである。石炭産業が盛んだった一九四〇（昭和一五）年には、筑豊が全国の出炭量の約三六パーセントを占めていた（「特集　筑豊炭田を探る（1）」）。数でいえば二六五の炭坑があった（『筑豊炭坑絵巻』）。

戦後の筑豊炭田はさらに活況を呈する。経済再建のため石炭や鉄鋼に資金・資材・労働力を重点的に配分することとなった。いわゆる「傾斜生産方式」である。石炭は、緊急増産対策が実施される。結果、石炭の生産は飛躍的に伸び、戦後の経済復興を牽引していくこととなった。

だがやがて、筑豊炭田はピーク時の活躍から一挙に下り坂に入る。一九五〇年代～一九六〇年代、エネルギーの主役が石炭から石油に交代した「エネルギー革命」時代へと突入したからである。一九五〇年代半ば、国が石炭から石油に転換する政策をとったことで次々と炭鉱が閉山する。一九六二年に、三菱上山田炭鉱（旧山田市、現嘉麻市）・三菱方城炭鉱（旧方城町、現福智町）が閉山。一九六四年、三井田川鉱業所（田川市）が閉山する。一九七三年に貝島大之浦《かいじまおおのうら》炭鉱（旧宮田町、現宮若市）が閉山し、坑内掘り炭鉱は筑豊から消滅し、一九七六年には貝島大之

筑豊地区の市町村（福岡県庁ホームページ）

浦露天掘り炭鉱が閉山した。これにより筑豊炭田すべてが閉山した。

このようにして、筑豊炭田は三井三池鉱業所（一九九七年閉山）より約二〇年早くヤマの火が消えることになった。閉山に至る過程は地域で異なった。筑豊が早くから崩壊したのは、中小零細炭鉱の生産比率がもともと高く、これがほとんどスクラップされたことにくわえ、大炭鉱も次々と閉山の対象となったためである（『戦後日本の石炭産業』）。同じ福岡県内であっても、三井が長らく経営していた三池炭田とは対照的であった。

筑豊の地域経済は、壊滅的な状況に置かれた。収入がとだえ、生活できなくなった人々が福祉事務所に押しかけた。筑豊の中でも多くの炭鉱があった田川郡では、生活保護を受給している人の割合が一九五五年以降急増し、一九六一年に一〇パーセント、一九六四年には二〇パーセントを超え、全国一位となった。国はこうした失業者に新たな就職先を見つけようと、「広域職業紹介」の制度を作り、職業安定所が県外への就職を斡旋していった。「田川職安」では炭坑離職者の県外への就職数が、一九六九年からの七年間で、四五八〇にのぼった。当時を知る人はつぎのように語っている。「この筑豊っていうところは、とくに炭鉱が潰れたら、炭鉱が潰れるとともに炭鉱で他の商売みんな持ってって《ママ》るでしょ。バタバタバタバタやめてく。他の商売もだんだんだんだん縮小して行く。だからもう全く私たちが働く場所っていうのはなかったです」（「筑豊の炭鉱で閉山を経験 政策に翻弄された労働者」）。

筑豊は疲弊した。閉山の影響を強く受けたことは、「採炭地域新興臨時措置法施行令」の援助政策の対象となった地域に、直方市、飯塚市、田川市、山田市など、筑豊の主要エリアが含まれていたことからも明らかである。なぜ筑豊で閉山の影響は深刻だったのか。それは農地面積の二倍半の鉱区面積を占めるほど、そしてGHQ統治下における傾斜生産方針の推進が、筑豊のモノカルチャー経済に拍車をかけたことなどが要因である。

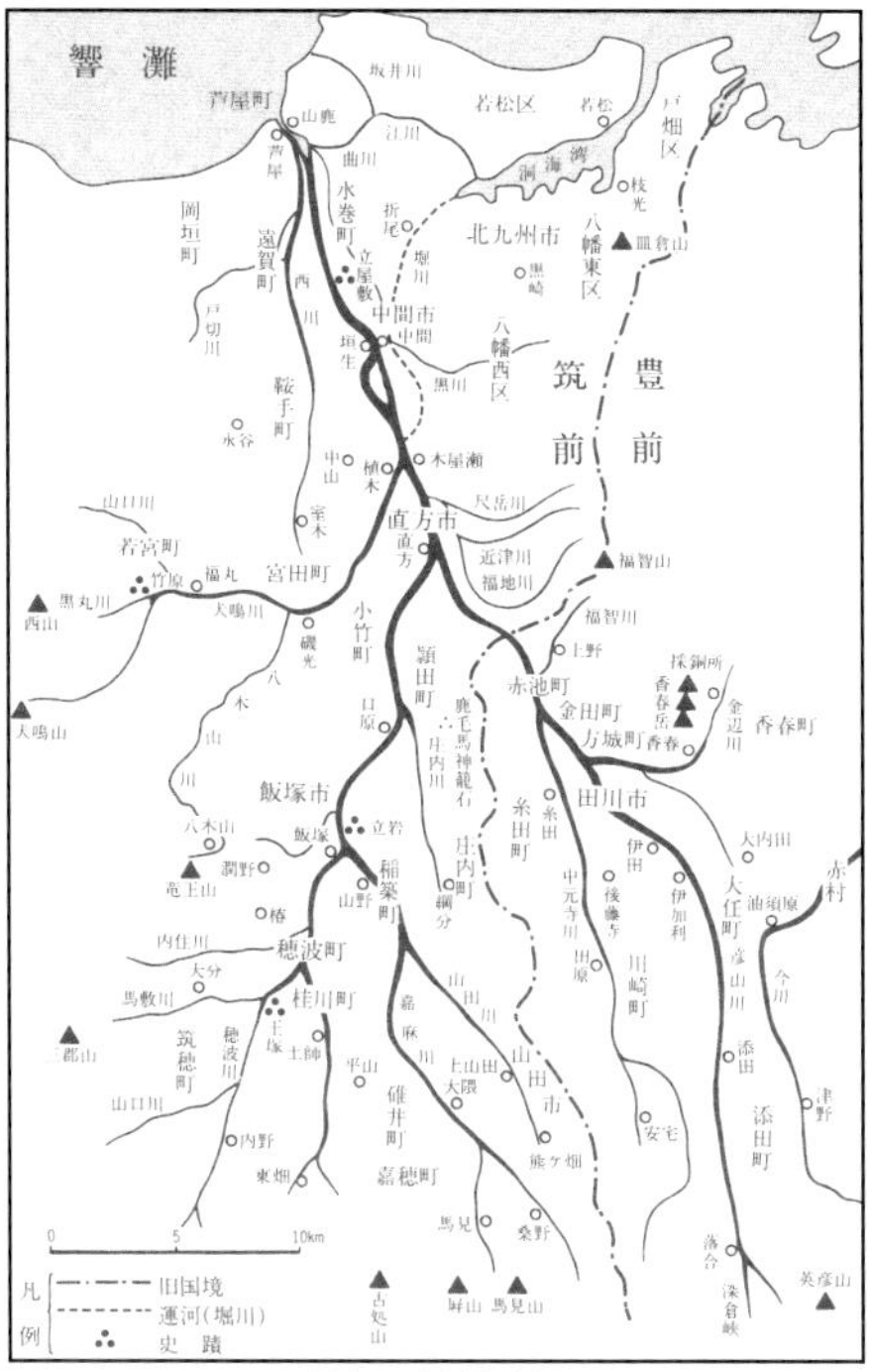

遠賀川流域略図
（香月靖晴『遠賀川―流域の文化誌』海鳥社、1990年より転載）

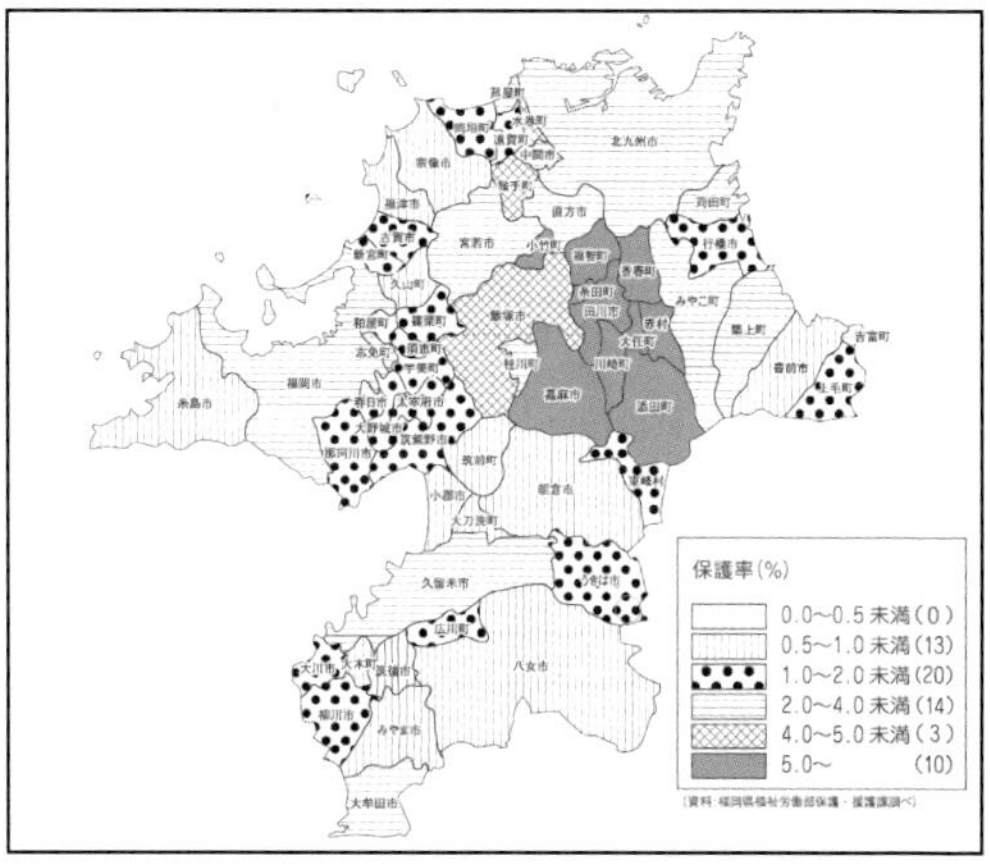

福岡県の生活保護率の状況（令和４年度平均 / 福岡県福祉労働部保護・援護課「令和５年度版 福岡県の生活保護」より転載）

麻生太吉《あそうたきち》、貝島太助《かいじまたすけ》、安川敬一郎《やすかわけいいちろう》ら、いわゆる筑豊御三家に加え、三井、三菱、住友などの進出により、筑豊では石炭産出に特化したモノカルチャー経済が確立していた（『戦後日本の開発経験』）。

筑豊では、炭坑閉山時の閉山交付金、また、閉山後の失業者対策や企業再配置等によって、往時の炭坑施設のほとんどが破壊され、失われたが、解体されたのは炭坑遺産ばかりではなかった。閉山は人間関係をも解体した。「炭鉱が潰れたおかげで、家族がばらばらになっただけじゃなくて、もう知り合いが全部ばらばらになっちゃった。炭鉱が潰れたおかげで。それはもう、炭鉱の中でもね、無二の親友みたいに仲良くしとった人も、もう自分が働かないかんでしょ。働いて一生懸命働いてたら、ちょっと葉書書くとかね、手紙書くとか余裕ないじゃないですか、もう。だからもうずっと結局居所が分からなくなっちゃうでしょ。だから結局、筑豊の炭鉱潰しというのはですね、私たちもこの、孤立とかいう生易しいものじゃなくてもうばらばらにされちゃったっていう、これはもう恨みの種ですね。本当。第一家族はみんなばらばらでしょ」（福本寛「筑豊における炭坑の記憶継承」）。このように筑豊は日本の近代化を支えながらも、経済も炭坑資産も解体された。地域社会にとっては、石炭は否定すべき記憶、一刻も早く忘れ去りたい記憶となったのである。

光としての「近代産業遺産」

新たな基幹産業を生み出すべく、炭鉱跡地の活用が図られた。鞍手郡宮田町（現宮若市）には、貝島炭鉱跡地にトヨタ自動車九州が建設された。いまではＨＶ（ハイブリッド）車やＰＨＥＶ（プラグインハイブリッド）車、電気自動車が製造されている。かつてマークⅡを全国に供給したこの工場では、いまでは高級ブランドレクサスを生産し、電気自動車UX300eを生産するなど、かつての主力エネルギーの石炭を産出した筑豊で、次世代を担う電気自動車が数多く生産される（『西日本新聞』二〇二二年一月一日）。筑豊が再び新たな主力エネルギー生産の場となることを予感させる。最近では、福岡県飯塚市による半導体の関連企業などの誘致を目指した工業団地の整備が進められている。

大学の誘致も行われた。飯塚市は一九六六年、近畿大学の第二工学部（現産業理工学部）と女子短大（現九州短期大学）を誘致し、一九八七年には九州工業大学情報工学部が開校した。

筑豊の食、「羊羹黒ダイヤ」。言わずもがな石炭を彷彿させるこのお菓子以外にも、「チロリアン」や「千鳥饅頭」で知られる「千鳥屋」（昭和二年に嘉穂郡飯塚町で「千鳥屋」開店）も筑豊である。日本で知らない人はいないと言っても過言ではないだろう「チロルチョコ」（松尾製菓）の沿革も筑豊（田川郡伊田村、現田川市）にある。ほかにも、博多や長浜、久留米など種々の冠ラーメンがひしめく福岡県でも、ひときわ愛される筑豊ラーメンもある。

しかし、地域経済への打撃は深刻だった。そのことは、筑豊の生活保護率の高さにもあらわれている。図（前頁）のように、保護率の高い地域はすべて筑豊地域である。

炭坑の閉山は経済や地域を解体し、筑豊地域そのもののマイナスのイメージへと結びついた。炭坑が閉山した後の疲弊をマスコミが頻繁に取り上げたこともあり、「筑豊は暗く怖い地域」というマイナスのイメージが広がった。これを払拭するためにはどうすればいいか。

筑豊では「イメージの改善」が課題となった。解決策として見出されたのが、他の炭鉱跡と同じく、観光であった。観光振興を図ることで、筑豊地域の魅力を域外へアピールし、現地を訪れた人々が筑豊地域の魅力を実感することで、筑豊のイメージアップが図れるのではないか、と考えられた。

だが、その道のりは険しかった。これまでの筑豊はいわゆる「観光地」といった視点がなく、英彦山《ひこさん》などをのぞけば知名度の高い資源もなかった。なお、英彦山は、田川郡添田町と大分県中津市山国町にまたがる山で、耶馬日田英彦山《やばひたひこさん》国定公園の一角を担う。古代より修験道場として栄えた霊山。標高一一九九メートル。山頂まで茂った広葉樹林や点在する原生林が美しい（『増補英彦山』）。

筑豊の多くの市町村は財政が逼迫しているため、市町村が多額の経費を投じて、新たな観光資源を作り出すのは難しい。とすれば、既存の地域資源のなかから探すほかない。観光資源になりそうな地域資源は何かないだろうか。筑豊各地では温泉が湧出し、日帰り温泉を楽しめるが、大分県の別府や湯布院など人気温泉には及ばない。

そこで見出されたのが炭坑だった。「否定すべき記憶」、「一刻も早く忘れ去りたい記憶」を呼び戻し、これに新たなプラスの意味を付与するほか道はなかった。

こうして筑豊地域に所在する炭坑関連資産が「遺産」となる。しかしながら、筑豊の炭坑遺産は九州・山口の近代化産業遺産群の構成リストから外された。資産の残存状況がよくなかったからである。田川の二本煙突と巻き上げやぐら以外の生産関係の遺産は乏しかった。とはいえ、山本作兵衛《やまもとさくべい》の炭坑記録画がその後、ユネスコ記憶遺産に登録されることになる。

山本作兵衛は一八九二（明治二五）年に嘉穂郡笠松村（現飯塚市）で生まれる。父福太郎の実家は遠賀川の川舟船頭であったが、鉄道の開通により採炭夫となった。作兵衛も入坑、山内坑で後山スラ（後山とは採炭された石炭を運搬する役割を担う人、スラとは石炭運搬かご）を曳き、坑内からあがると絵を描いた。一九五八（昭和三三）年からはヤマの体験画を描き始める。文章で書き残す予定であったが絵で描くことにしたという記録画には、絵の説明がびっしりと書き込まれている（『筑豊炭坑絵巻』）。

旧伊藤伝右衛門《いとうでんえもん》邸も「遺産」となった。伊藤伝右衛門は一八六〇年幸袋《こうぶくろ》村（現飯塚市）に生まれ、筑豊御三家の一人、安川敬一郎《やすかわけいいちろう》と相田炭坑（嘉穂郡二瀬村）を開坑、牟田《むた》炭坑（のち伊岐須《いぎす》炭坑）、中鶴《なかつる》炭坑（中間市）、泉水《せんすい》炭坑（現鞍手郡）などを開坑し、新手炭鉱（株）、大正鉱業（株）、宝珠山《ほうしゅやま》鉱業株式会社を設立、自らツルハシを握って極貧から地元の名士へのし上がった。「筑豊の石炭王」と呼ばれる人物である（「旧伊藤伝右衛門邸ガイドブック」）。石炭産業だけでなく、金融、工業、そして政界でも活躍した。

旧伊藤伝右衛門邸は明治期に建てられ、大正期、昭和初期に増改築された近代和風建築物である。土地七五六八・五平方メートル（約二二九三坪）、建物床面積延べ一〇一九平方メートル（約三〇九坪）。その粋を凝らした豪邸は広大な庭園とともに歌人柳原白蓮《やなぎわらびゃくれん》が起居した建物である。一九一一年に結婚した白蓮を迎えるため、伝右衛門邸には増改築が施された。

　飯塚市内に残る数少ない石炭遺産であり「炭鉱王伊藤伝右衛門」の功績を伝える唯一の文化遺産と説明される伊藤伝右衛門邸だが、一時は解体の可能性まで取り沙汰されていた。

　何とか解体を免れたのは、ちょうど筑豊に残る炭坑関連施設に「遺産」としての意味が見出され始めた時期だったからであろう。「旧伊藤伝右衛門邸の保存を願う会」の事務局は飯塚商工会議所で、主導したのは商議所女性会長だった小野山とし子さんである。会は、商工会議所など四〇団体で構成された旧伊藤邸の保存活動団体で構成された（『西日本新聞』二〇二〇年一〇月一七日、飯塚市会議会会議録第四号、二〇〇七年一二月一二日）。保存活動をうけ、飯塚市は二〇〇六年、邸宅を無償譲渡、敷地を約一億五千万円での購入という形で引き取り、翌年四月から一般公開を始めた。

　もっとも旧伊藤伝右衛門邸を保存することが、筑豊で一様に歓迎されたわけではない。「保存活用を願う市民の声に便乗した無駄な公共工事」と市の姿勢を厳しく批判する声も議会で上がった。地域活性化のために活かされる「遺産」なのか、そうではないのか。飯塚市観光ポータルのホームページで旧伊藤伝右衛門邸が「炭鉱王伊藤伝右衛門」の功績を伝える唯一の文化遺産と説明されるように、ダークな意味合いはない。あくまで「筑豊の光」としての「旧伊藤伝右衛門邸」である。

旧伊藤伝右衛門邸

　保存後、ＮＨＫ連続ドラマ「花子とアン」（二〇一四年放送、吉高由里子《よしたかゆりこ》主演）に白蓮（仲間由紀恵《なかまゆきえ》）が登場したことで、白蓮が暮らした場所として旧伊藤伝右衛門邸は注目を浴び、観光スポットとして人気を集めた。二〇一四年度には、過去最高の三一万四九七九人もの人が訪れた。しかし、ドラマ終了後は入館者が減少、二〇一六年度は八万人台、一七年度は六万人台、一八年度五万人台まで減じた（『西日本新聞』二〇一九年六月七日）。旧伊藤伝右衛門邸を「いいづか雛《ひいな》のまつり」のメイン会場にし、二〇畳の座敷に日本一の規模を誇る座敷雛を展示したり（「飯塚市観光ポータル」）、スマートフォンとＱＲコードを用いた「謎解きゲーム」（二三年度）を開催したりするなど、さまざまな企画で来場者を呼び込む工夫を凝らしている（『西日本新聞』二〇二三年二月七日）。

影としての「植民地支配」

　近代日本の礎を築いた筑豊という「光」は、実は「影」と表裏一体である。いうまでもなく、炭鉱には事故がつきもので、筑豊も例外ではない。一九一四（大正三）年の方城大非常《ほうじょうだいひじょう》（三菱方城炭鉱ガス炭じん爆発）は日本史上最大の炭鉱爆発事故と言われた。上風坑から一〇メートル離れたところにあった煽風機室はレンガで覆われていたが爆発によって壊れ、四散したレンガの破片が六〇メートル離れた事務所のガラス戸を打ちやぶって飛び込んだという。正確な犠牲者数や爆発の原因については諸説あるが、犠牲者数については千人を超し、爆発原因については劣化したケーブル線にボタが落ちてショートし、周辺にあったメタンガスや炭塵に火花が飛んだためと推測されている（『方城大非常』、『方城町史』）。旧方城町伊方（現福智町）の山神神社境内には、慰霊塔が建立された（方城炭鉱罹災者招魂之碑）。

また、一九六五年に旧稲築町《いなつきまち》（現嘉麻市）で起きた山野炭鉱ガス爆発は、三井三池炭鉱（大牟田市）の炭じん爆発事故（一九六三年発生）に次ぐ、大惨事となった。多くの犠牲者と遺族を出した事故や鉱害は紛れもなく「筑豊の影」であった。

加えて、筑豊では多くの朝鮮半島出身者が働いていた。彼らの労働や生活は劣悪であり、それは日本による朝鮮半島の「植民地支配」に起因する。このように筑豊の歴史を「影」と捉え、覗いてみれば、筑豊は「植民地支配」の反省の歴史として立ち現れる。このような歴史認識のもとに筑豊を描いた書が、一九八一年に出版された『強制連行・強制労働―筑豊朝鮮人労働者の記録』である。筑豊生まれ（採銅所《さいどうしょ》村・現香春町《かわらまち》）の著者林えいだいは、筑豊の「影」を朝鮮半島出身の炭坑夫に見出した。本書は「無数の犠牲者の上に」と題する小見出しから始まる。北九州の公害問題に取り組んだ林は、この問題と同じく、筑豊の「影」に焦点を当てた。

筑豊には、実際その「影」を表象する碑も数多く存在する。炭鉱犠牲者復権の塔、韓国人徴用犠牲者慰霊碑、朝鮮人炭鉱殉職者之碑、松岩菩提《しょうがんぼだい》、徳香追慕《とっこうついぼ》碑、強制連行中国人殉難者鎮魂の碑、無窮花《ムグンファ》堂などである。

炭鉱犠牲者復権の塔は、日本基督教団宮田教会の初代牧師である服部団次郎《はっとりだんじろう》が中心となって建てた（現宮若市）。ある二人の男女の炭坑夫が佇む「慰霊碑でもなく記念碑でもない、人権の復権を宣言する塔」である。一九八二年に建立されたこの塔の下には、約一万個の石が埋められた。筑豊のすべての失業対策の現場を回り、紙芝居を見てもらい趣旨説明したうえで、一人一個名前を書いた石であるという。また外国人犠牲者への謝罪を表明するため、八カ国から送られた石板が塔にはめ込まれている（宮田教会ホームページ）。

韓国人徴用犠牲者慰霊碑は、田川市石炭記念公園内に一九八八年に建立された。建立したのは大韓民国民団田川支部である。朝鮮総連と民団が共同で慰霊碑を建立しようとしたものの、合意に至らず民団が単独で建立した（『朝鮮人犠牲者追悼碑』）。

同じく田川市石炭記念公園内には、強制連行中国人殉難者鎮魂の碑（二〇〇二年建立）もある。この碑には、中国人炭坑夫一七名は、「強制連行」により日本に渡った末に炭坑で命を落としたと刻まれている。

朝鮮人炭鉱殉職者之碑は、一九七五年に法光寺《ほうこうじ》内に建立され、一九九七年に再建された。「朝鮮人強制連行真相調査団」が筑豊を調査した際に遺骨が法光寺に安置されていることを知り、朝鮮総連がこの碑を建立したとい

無窮花堂

う（『朝鮮人犠牲者追悼碑』）。

　民団と総連、それぞれが別個に建てた碑がある一方で、双方が構成団体に名を連ね、建てられた碑もある。松岩菩提（一九九四年建立・鞍手郡小竹町）である。この碑は民団や総連だけでなく、福岡県退職教職員協議会（直鞍支部）や「強制連行を考える会」など、日本人市民も加わった点で特徴的である。「強制連行を考える会」（大野節子代表、一九八六年四月発足）は、徳香追慕碑を再建した団体でもある。

　徳香追慕碑は一九三六年に麻生吉隈《あそうよしくま》炭坑で発生した坑内火災で犠牲になった朝鮮人二五人、日本人四人を追悼するため建立された碑である。一九八〇年ごろ麻生鉱業は団地造成のため碑を撤去しようとしたが、地元の住民は碑が炭鉱の重要な遺跡であり祖父の痛みの歴史であるとして麻生鉱業側に再建を強く要望、八二年五月に新たな徳香追慕碑（桂川町《けいせんまち》）が再建された（『朝鮮新報』二〇一七年一二月一三日）。この碑の再建に大きな役割を果たしたのが「強制連行を考える会」である。「強制連行を考える会」は、在日コリアンと日本人が出演する「筑豊アンニョンハセヨ！コンサート」を二〇一一年から桂川町で開催するなど、在日コリアンと日本人の交流を図る活動を行なっている。このように「植民地支配」の「影」を表象する碑は、在日コリアンだけでなく、多くの日本人市民が関与しながら建立された。

徳香追慕碑

　市民運動によって建立された碑は他にもある。二〇〇〇年一二月二日には、「在日筑豊コリア強制連行犠牲者納骨式追悼碑建立実行委員会」（建立実行委員会）によって、無窮花堂が飯塚市営霊園に建立された。落成から二年後の二〇〇二年一一月二三日には、無窮花堂を囲む壁に、日朝関係史を記したパネル「歴史回廊」が完成し、「建立実行委員会」は二〇〇四年に発展的に解消した。その後は「特定非営利活動法人国際交流広場無窮花堂友好親善の会」（無窮花の会）として、筑豊地区五市二四町の自治体に対し、遺骨の収集および埋・火葬認可証などの情報開示を求める活動や、追悼式や「無窮花通信」の発行を行うなどの活動を行っている。

　無窮花堂の建立運動は、在日朝鮮人一世の裵来善《ペレソン》さんが率いた運動であった。裵来善さんは一九九四年、「強制連行一世として、朝鮮民族の一人として、筑豊の各寺院に放置されている同胞の遺骨を収集」し始めた。集めた遺骨を納め、追悼する場として納骨式追悼碑が必要となったとき、裵来善さんの個人の思いに共感した人々によって結成され、裵来善氏をリーダーに率いられた運動が、「無窮花の会」であった。

　国際交流広場内にあるのは、無窮花堂と同団体が設置した歴史回廊のみである。建立にあたって、飯塚市から約六〇〇万円の資金と敷地の提供を受けた。二〇二二年現在、一一九体の筑豊の無縁仏が納められている。「ＮＰＯ法人無窮花友好親善の会」が追悼式や学習会などを行う。個人会員数八〇名、六割が七〇歳以上で、会員のほとんどは日本人である。団体会員に、全日本自治体労働組合、

「強制連行を考える会」、「長生炭鉱《ちょうせい》の水非常を歴史に刻む会」、在日本朝鮮総連合会、在日本大韓民国民団などがある（長生炭鉱については、『知られざる境界地域 やまぐち』を参考）。

碑文には、日本の植民地政策において、多くの朝鮮人と外国人の来日は「強制連行」によるものであったこと、朝鮮人の炭鉱での従事は、「過酷な強制労働であり、多くが犠牲となったこと」が刻まれている。これは、「歴史的事実」であること、それは「不幸な過ち」であり、二度と繰り返すべきではない歴史であること、そのような歴史をもつ筑豊を「恒久平和を希求する発信地」として位置づけている。この歴史を後世へ継承する役目を担うことが無窮花堂の担う役目とされている（大和「追悼碑における記憶の衝突」）。

せめぎあう光と影
―どのように筑豊のイメージをアップするか

朝鮮半島出身者の労働や生活は劣悪であり、それは日本による朝鮮半島の「植民地支配」に起因するといった認識、つまり、その影が筑豊を日本の近代産業の礎とみる認識が、その光と相容れないものであったことは想像に難くない。まさにこの衝突の現場となっているのが、無窮花堂である。二〇一五年、「国際交流広場の正常な運営を求める会」（「求める会」）が結成されると、無窮花堂の活動に対する批判的な陳情を、ある議員が議会で取り上げた。

「求める会」代表A氏は「住みよい筑豊の会」という会も作り、筑豊のイメージアップを訴えかけており、A氏は、「筑豊人の改善すべきマナー」を列挙してこう述べている。「残念ながら現在の筑豊はマナー、モラルが低く周囲から敬遠されています。外部から筑豊に勤めながら筑豊には住みたくないという人、福岡に私立高校の受験に行き、筑豊の中学と分かるとまわりから敬遠された、筑豊ナンバーの車には気をつけろ、などの話が耳に入ります。これらは筑豊人が努力して克服しなければならない課題です。ましてや『筑豊 負の歴史』『朝鮮人強制連行の場』などと新聞に書かれれば、営々とした筑豊イメージアップの努力が一瞬にして水泡に帰してしまいます。今も筑豊の人口は減りつつあります。いくら金を掛けて土地造成しても、住民の気風がよくなければ企業誘致はできません」（A氏作成資料「『山本作兵衛世界記憶遺産登録画の評価と筑豊』について」、二〇一一年八月九日　未刊行）。

ここでは、筑豊のイメージが「負の歴史」と結びつけられており、「負の歴史」に抗う背景として、筑豊のマイナスのイメージを変え、そのイメージを向上させたいという郷土愛がある。

筑豊をめぐる認識。それは日本最大規模の採炭地としてかつて栄えたがゆえの、閉山後の地域への深刻な打撃。経済のみならず、地域社会の解体ととてつもない、まちにとってのマイナスのイメージ。そしてマイナスを乗り越えるため、筑豊を近代産業の礎として意味づけたいという思いが地域に根付く。だがそれと同時に、朝鮮半島出身の坑夫の労働現場となった歴史を「植民地支配」の反省として後世に残したいという思いも交錯する。筑豊ほど、日本の歴史の光と影を見いだせる場所は多くはない。

（大和裕美子）

■参考文献

有馬学・マイケル＝ピアソン・福本寛・田中直樹・菊畑茂久馬編著『山本作兵衛と日本の近代』弦書房、二〇一四年。

井竿富雄編著『知られざる境界地域　やまぐち』北海道大学出版会、二〇二三年。

織井青吾『方城大非常』朝日新聞社、一九七九年。

香月靖晴『遠賀川―流域の文化誌』海鳥社、一九九〇年。

朝鮮人強制連行真相調査団資料集「朝鮮人犠牲者追悼碑」制作委員会『朝鮮人犠牲者追悼碑』二〇一八年。

林えいだい『強制連行・強制労働―筑豊朝鮮人坑夫の記録』徳間書店、一九八一年。

福本寛「筑豊における炭坑の記憶継承」『早稲田大学総合人文科学研究センター研究誌』第八号、二〇二〇年。

福岡経済同友会　筑豊部会『交流人口拡大で筑豊再生を―日本近代化の原点　近代化産業遺産を活かした観光まちづくり』二〇〇九年。

方城町史編纂委員会『方城町史』方城町、一九六九年。

田川市「特集　筑豊炭田を探る（1）」『広報たがわ』第一二九六号、二〇一〇年一〇月一日。

山本作兵衛『筑豊炭坑絵巻（新装改訂版）』海鳥社、二〇一一年。

大和裕美子「追悼碑における記憶の衝突―福岡県飯塚市納骨型追悼碑無窮花堂を事例に」『インターカルチュラル』二一号、二〇二三年。

「吉隈炭坑の犠牲者らを慰め　福岡県桂川町で徳香追慕碑供養三六年祭」『朝鮮新報』二〇一七年一二月一三日。

「筑豊炭田について」直方市石炭記念館ホームページ https://yumenity.com/nogata-seiktan-kinenkan/

「旧伊藤伝右衛門邸基本情報」飯塚市観光ポータル https://kankou-iizuka.jp/topic_4/

「飯塚特集　筑豊地区の経済発展の象徴「旧伊藤伝右衛門邸」福岡の経済メディアネットアイビーニュース https://www.data-max.co.jp/2011/08/post_16041.html
「筑豊の炭鉱で閉山を経験　政策に翻弄された労働者」ＮＨＫアーカイブス　戦争 https://www2.nhk.or.jp/archives/movies/?id=D0001810373_00000
日本基督教団宮田教会ホームページ https://miyata-kyokai.sakura.ne.jp/ 復権の塔/

コラム

夕張が歩んだ「炭鉱から観光へ」、その先には

夕張市はかつて石炭産業で栄えたまちである。明治初期に石狩炭田発見以来数々の炭鉱が開山し、市内最後の炭鉱が一九九〇年に閉山するまで約一〇〇年間にわたって石炭を世に送り出してきた。

石炭産業によって一九六〇年には人口が一二万人を越えていたが、それ以来六〇年以上にわたって人口は減少し続け、二〇二四年現在では六千人ほどの人々が暮らすまちとなっている。その流れのなかで市はただ黙って時の流れに身を任せたわけではなかった。

転換期は一九八〇年前後である。一九五〇年代後半以降のエネルギー転換と連動した国のスクラップ・アンド・ビルド政策によって、採算のとれない中小炭鉱が閉山していく渦中に、市は石炭産業から観光産業へと力点を置き換え始めた。

1980年頃の石炭博物館周辺の様子（撮影　渡津 澄夫）
かつての夕張炭鉱の中心地で、歴史村へと整備される。

「炭鉱から観光へ」というと突拍子のないアイデアのように思われるが、実際には当時の状況では仕方のない側面もあった。それは産業の転換を図って企業誘致を模索したものの、山間地であることがハードルになったり、それまでの暗い炭鉱災害の様子や打ち捨てられた炭鉱住宅のイメージによって、望んだ成果が出ないという状況である。また、良質な石炭が産出されたが故に石炭産業への依存度も高く、少しずつまちの産業が変化するという状況もなかったのである。

宮城七郎が描いた炭鉱労働の絵（夕張市教育委員会所蔵）ガス突出した際の様子が描かれている。

市の中心的な場所だった夕張炭鉱新第二鉱が一九七七年に閉山したことに伴い、その跡地を活用した『石炭の歴史村構想』が観光事業の目玉として打ち出される。歴史村の中核施設として、まず石炭博物館が一九八〇年に開館した。

希望のある明るい未来へと進みそうであったが、直後の一九八一年には北炭夕張新炭鉱の災害が発生。この災害で九三名が亡くなって、戦後の炭鉱災害における死者数では三番目に数えられている。悲しみが癒えぬ中、一九八三年に歴史村は全面オープンとなった。

歴史村のオープン時には、記念品として炭鉱マンを形どった石炭工芸品が関係者に配られている。その工芸品の背面には「復興祈願」と記載されており、歴史村の重要性と起死回生を願う当時の人々の想いが滲みでている。

余談になるが、以前訪ねた市内のお宅で、この石炭工芸品が三池

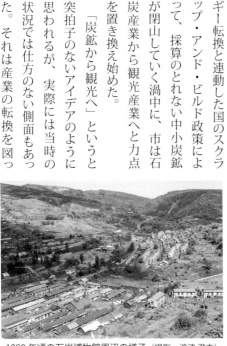

で作られた石炭人形と並んで置かれていたのを見たことがある。労働組合で働いていた頃、三池の労働組合の知り合いからもらったのだという。夕張だけでなく遠く離れた三池とも、労働者としての結束を誓い、闘っていたのだろう。

歴史村がオープンした一九八三年には、東京ディズニーランドも開園しており、団塊世代のレジャー志向の高まりと、いかに夕張市の観光事業が全国的にも先んじていたものかがうかがえる。ちなみに、広さも東京ディズニーランドとほぼ同じであった。

歴史村には博物館だけでなく、炭鉱生活館やSL館、ロボット大科学館、知られざる世界の動物館、遊園地やキャンプ場が徐々に整備され、石炭の歴史が軸として運営されるのではなく、あくまで一大テーマパークの様相を呈していた。

市の統計によると歴史村の観光客数は全面オープン時には約五〇万人が来場したものの、数年で三〇万人近くまで徐々に減少している。それを受けて一九八八年にはテレビ局とのタイアップ事業などで一時的に八〇万人に回復させたが、また徐々に減少した。（なお、この来場者数には信憑性に疑いがあるという話もある。）似た施設が全国各地で整備されたことも一因としてある。

（右）1983年歴史村オープン時に配られた石炭工芸品の背面
（中央）夕張市内で撮影した石炭工芸品と石炭人形。３つの像のうち、左が夕張の石炭工芸品で右２つが三池の石炭人形である。最も大きな右の人形の裏には、「贈 組合結成 30 周年 三池労働組合」と記載されている。（左）『夕張市勢要覧』（1995年）より抜粋

このような浮き沈みのサイクルを数度繰り返したことから、入場者数の急減にはならなかったが、新規の施設が次々にオープンし、その維持費が肥大化、それによって実質的な赤字は膨らんでいった。二〇〇四年以降は入場者数も完全に失速している。

一九九〇年代に既に市の財政状況は改善されなければならない状況になっていたものの、市の不適切な会計処理によって明るみに出るのは二〇〇六年となる。そして二〇〇七年には市が財政再建団体となり、当時歴史村を運営した第三セクターも破産することとなる。これが転機となって加森観光が指定管理を受け、一部の施設が廃止をまぬがれ営業されることとなった。その後、施設によっては老朽化などで市に返還されたところもある。

これらの施設のうち、現在に至っても注力されているのは石炭博物館だ。この博物館は、二〇一六年から二年で常設展示のリニューアルがなされ、二〇一八年からはＮＰＯ法人炭鉱の記憶推進事業団が指定管理を受け、空知の炭鉱の歴史と文化を発信する拠点施設となっている。ただ残念なことに二〇一九年に展示の目玉であった模擬坑道で火災が発生し、坑道は再開に向け現在も復旧作業が続いている。

以上が「炭鉱から観光へ」の現在までの歩みを抜粋したものである。この歩みを丁寧に読み解くと、夕張が抱えていた様々な困難な歴史がよくわかる。災害、労働運動、観光業への転換と失敗、財政破綻。どれも立場によって解釈が大きく異なる出来事が多い。

本コラムではまったく触れられなかったが、戦前・戦中の炭鉱操業において中国や朝鮮半島に住んでいた大勢の人々が従事し、体制を下支えした一面も忘れてはならない。

「神霊之墓」1930年5月、夕張鉱寄宿舎朝鮮人有志一同が市内末広墓地に建立したもの。

さらに未来に目を向けると、国立社会保障・人口問題研究所による人口推計では二〇五〇年に、二千人ほどのまちになる夕張は、これまでとは異なった困難をさらに背負うことが予想できる。

困難ばかりのこのまちでは時折、博物館は不要だ、もう暗い過去はいい、といったことを聞くことがある。その理由の一つは、高齢者が半数以上となり、福祉に特化したまちを目指さなければならないのではないか、と考えるからだ。現状の課題を踏まえた前向きな意見である。

このまちで学芸員として働く身としては、過去を見ずして未来は見えるはずがない、と言い切りたいが、世の合理性に押し負けそうなことがよくある。これまでの歩みを記憶する人々も減少し、もはや石炭博物館が存在する意味を市民や運営側だけで見いだすのには限界があると言わざるを得ない。こういった状況もあるため、今後は来館する人々により一層博物館の役割や意味が見いだされ、社会的に共有されることに期待される。ぜひ一度、この数奇な運命を辿る博物館に足を運んでいただきたい。

もし訪れることがあれば、駐車場すぐのところにある「採炭救国坑夫の像」を、ぜひ見てほしい。軍需生産美術推進隊彫塑班の中村直人《なかむらなおんど》らにより、一九四四年に制作されたコンクリート製大型塑像（高さ三・六三メートル）である。当時は「進発の像」と呼ばれていた。進発は戦場に向かって出発することを意味し、炭鉱で働く労働者の鼓舞が目的で建立された。戦後増産体制がとられる一九四七年に現在の名称に変更されている。

「採炭救国坑夫の像」（1987年）

建立されてから八〇年間、変貌し続けたまちの風景や住んでいる人々をこの像は見つめている。今は進むべき場所も救う国もない。「いったい何を見つめるべきか」。この像を見るとそれをいつも私たちに問いかけている気がするのだ。

（山口一樹）

夕張神社から石炭博物館周辺を見た風景。かつて炭鉱住宅が並んでいた場所は、今は木々に覆われている。（2024年6月）

コラム

境界を超えて　宮崎滔天《みやざきとうてん》が夢見た世界革命

境界地域・荒尾

荒尾市は熊本県西北にあり、福岡県と接する県境のまちである。江戸時代には三池藩との藩境に位置し（荒尾は肥後藩）、境界地域としての歴史を持つことから、筑後や有明圏域の影響も随所に見られる。近代には福岡県大牟田市とともに三井三池炭鉱のまちとして栄えたこともあり、今なおこの地域に暮らす人々は当たり前に毎日、境界を越えていく。往時の繁栄を偲ばせる竪坑櫓《たてこうやぐら》がそびえる万田坑は、世界遺産「明治日本の産業革命遺産群　製鉄・製鋼、造船、石炭産業」の構成資産の一つとなっており、荒尾市を代表する文化資源である。

万田坑が活気を呈していた同時期、荒尾からは優れた人材も輩出された。近代中国の革命家・孫文《そんぶん》を支援した日本人の代表格と評される宮崎滔天ら「宮崎兄弟」である。

宮崎兄弟の生家

今回は、今なお荒尾市と孫文ゆかりの地域を繋ぐ礎となっている荒尾市の重要な文化資源・宮崎兄弟と孫文との友情の歴史について簡潔に紹介したい。

荒尾・宮崎家とは

荒尾・宮崎家の歴史は江戸時代のはじめ、一六四七年に遡る。初代宮崎弥次兵衛正之《みやざきやじへえまさゆき》（一六三二―一六七六）が荒尾の武士の娘を嫁にもらい定住したことに始まり、まもなく肥後・細川藩から一領一疋《いちりょういっぴき》（郷士、下級武士）の身分を賜った。以後、宮崎兄弟の時代まで約二五〇年にわたって荒尾・宮崎家の歴史はつむがれていった。

「宮崎兄弟」を語るとき、その父・長蔵《ちょうぞう》（政賢とも）の存在を欠かすことはできない。長蔵は一〇歳を過ぎた頃から、学問に加え、居合・砲術・剣術を学び、叔父である淳次《じゅんじ》の養子となって、一六歳で宮崎家を継いだ。残念ながら長蔵の写真は残っておらず、今日その風貌を知るすべはないが、彼の人柄を特徴づける逸話がいくつか伝えられている。ここでは、その人柄を一番言い表している長蔵の娘・留茂《るも》の子である築地宜雄《ついじよしお》氏の証言を紹介する。

正賢（ママ）は正月賀客を待つにすべて平等、到着順とした。早やばやと大谷からかけつけて来る藤左衛門を最上席の床の前に、其他お寺の和尚さんでも村役人の人たちでも百姓でもすべて到着順とした。これは当時としては破天荒なことであるが、正賢の気持ちには尊いものに奉仕する心は身分によりて上下はなく、其心を尊長して人を待つと云うようなところがあったためであろう。人権平等と

か民主主義とか云う考の流行する前に、かく考えかく実行していたのが正賢でありました。（築地宜雄「宮崎滔天」）

長蔵だけでなく、「宮崎兄弟」の母であるサキも「畳の上に死するは男子何よりの恥」と子どもたちに教えるような人であり、名誉や金銭に執着することを善しとせず、義侠心が強く、かつ平等主義的な思想をもち、それぞれが天性を伸ばし飛躍することを思う両親であった。彼等のもとで育ったことが「宮崎兄弟」が誕生する背景にあった。

近代に抗った宮崎滔天

宮崎滔天

この両親のもと、八郎《はちろう》（一八五一〜一八七七）、民蔵《たみぞう》（一八六五〜一九二八）、彌蔵《やぞう》（一八六七〜一八九六）、寅蔵《とらぞう》（一八七一〜一九二二、以後滔天と記す）という明治・大正期に自由民権思想を根幹とする活動をした兄弟たちが生まれた。ここでは兄弟それぞれの活動について詳述することは避けるが、末弟の滔天は父や兄からの思想的影響を受け、「先天的自由民権家」として育ち、大江義塾《おおえぎじゅく》（一八八五年入塾）、東京専門学校（一八八六年入学）、キリスト教受洗（一八八七年）・棄教（一八八九年）を経て、彌蔵の説く世界革命の第一歩としての中国革命の道を進んでいった。

彌蔵の説く世界革命とは―。彼は当時の世界を「弱肉強食の一修羅場」とみなしており、これは決して看過すべきではないこと、「人権を重んじ自由を尊ぶ」世界へと回復すべきで、その「運命の岐路は懸《かか》って支那の興亡盛衰如何《こうぼうせいすいいかん》にあり」と捉えていた。そして、「もし支那にして復興して義に頼《よ》って立たんか、印度《インド》興すべく、暹羅安南《シャムアンナン》振起すべく、比律賓《フィリピン》、埃及《エジプト》もって救うべきなり…（中略）…遍く人権を恢復《かいふく》して、宇宙に新紀元を建立するの方策、この以外に求むべからざるなり」と考えていた。これを聞いた弟・滔天は「余が宿昔《しゅくせき》の疑問ここに破れたればなり」と、自らの生きる方針を定め、中国革命をめざすなかで、孫文と出会うこととなった。

孫文と共に中国革命に取り組むなかで、滔天はフィリピンやインドの独立運動ともかかわっている。革命運動に関わり始めた当初、滔天はアジア対ヨーロッパ（「黄人対白人」）という世界観から、アジア諸国を列強諸国から解放することの意義を強く意識し、持論を展開していた。だが、一九〇〇年頃になると、国家や民族、人種といった概念を超えて、巨視的に世界を捉えるようになっていた。彼が一九〇〇年一〇月に『二六新報』に掲載した「独酌放言」で、彼は登場人物に次のような言葉を吐かせている。

ナニ僕の土地問題に対する意見か、僕は百姓ではないから土地なんぞはいらんよ。唯無暗に縄張をして此地面は己《お》れのだからなんテ通行も叶はぬ様にさえして呉なければ夫《それ》で結構。成るべくなら庭園

の墻壁《しょうへき》も取除けて貰ひたい子《ね》ー、アハヽヽヽ。成る事なら国と云ふ垣根もネー、ワハヽヽハッハー。（宮崎滔天『滔天文選』）

「世界一家」を掲げていた滔天は、今尚厳存する国家という枠組み自体を超えていくことを思い描いていたようだ。一九一九年にはその具体的な形として国際連盟に期待をしていたが、人種差別撤廃を含む国際連盟案第二一条の「宗教に関する規定」が削除されることが決定すると、国際連盟も「腹黒き政治家」によって唱えられたもので「決して実現せらるゝの期なき」ものと断じ、再びアジアの連帯を唱えていった。

こうした滔天の思想と活動は、近代日本のなかでも異色であり、そのためとも言えようが、孫文は自伝で「革命におこたらざるもの」として「宮崎兄弟」を挙げているほどだ。

千万年ののちまでも続く友情を

荒尾市には、彼等が生まれ育った家（熊本県指定史跡）が現存しており、江戸時代後期に建てられたこの茅葺屋根の生家には、孫文も一八九七年と一九一三年に訪れている。辛亥革命《しんがいかくめい》成功から二年後の二度目の来訪時、彼が荒尾村民に向かって行った演説が当時の新聞記事に記されている。

十七年ぶりに予は荒尾村に来り。尚記憶に存せる風物に接して欣喜に堪えず。宮崎寅蔵君並に其亡兄彌蔵君とは余は深き親交あり。而して両君は我国の為めに大に盡力せられたる人にして両君と予との如き交誼を日華両国民が維持するを得ば千万年の後迄も両国家の提携融和を図るを得べし。（『九州日日新聞』大正二年三月二十日）

また、庭にはこの時に撮られた記念写真に写る木と伝わる樹齢二〇〇年超の梅の古木も現存する。中国駐日大使館や中国駐福岡総領事館の庭にも植樹され、「友情の梅」として孫文ゆかりの地域と荒尾市を繋ぐシンボルツリーとなってくれている。

この地域資源を、地域文化の向上と孫文ゆかりの地域との交流促進に繋げることを目的として、荒尾市では市制五〇周年事業として、一九九三年に同敷地内に宮崎兄弟の活動を紹介する資料館を併設し一般公開した。資料館には宮崎兄弟に関連する史料はじめ、孫文直筆の書など、中国の革命家たちにまつわる史料も数多く展示しており、関係施設や研究者から高い評価を得ている。

さらに今、荒尾市では国という枠組みを超えて結ばれた彼らの友情の歴史を礎に孫文ゆかりの地域との交流を行っている。近年は特にシンガポールとの交流が盛んで、令和元年には「荒尾市（代表施設　宮崎兄弟資料館）及びシンガポール国家文物

孫文来荒時の記念写真（1913年）

局（代表施設　孫中山南洋紀念館・晩晴園）提携についての基本合意書」を締結した。これは、平成二六年から五カ年にわたって行った学術交流の成果である共同報告書「日本からシンガポールへ―宮崎兄弟と孫文と辛亥革命」の活用及び普及に関する事業に取り組むことを主軸としており、両地域の次代を担う人材にこそ、この歴史を知ってほしいという思いから、具体的には青少年交流に取り組んでいるところだ。

荒尾市の中学生シンガポール訪問時の記念写真

新型コロナウイルスの影響により、令和二～三年は延期となったが、令和四年にはオンラインで交流を、そして令和五年には荒尾市から市内中学二・三年生一八名がシンガポールを訪問し、ようやく対面交流を果たした。交流は始まったばかりであるが、令和六年度は、シンガポールから中学生が荒尾市を訪問する予定で、今後、相互交流を行うなかで、子どもたちがその経験をもとにグローカルな人材に育っていってくれることを願ってやまない。

世界各地で争いが絶えず、国を超えての協力無しには解決できない問題・課題が山積する今日、アジア、そして世界の未来を考え、行動した宮崎兄弟や孫文の歴史にこれからも光を当て顕彰していきたい。

（野田真衣）

■参考文献
築地宜雄「宮崎滔天」『宮崎滔天全集　第五巻』平凡社、一九七六年。
宮崎滔天『滔天文選　近代日本の狂と夢』書肆心水、二〇〇六年。
『九州日日新聞』ほか

Ⅳ　釧路産炭地域の遺構に未来を見る

夏草や兵どもが夢の跡

〈廃墟〉を訪れた人の中には、平泉を訪れた松尾芭蕉《まつおばしょう》が奥州藤原氏の盛衰を想い詠んだこの句を思い浮かべる人も少なくないだろう。ネットを眺めると、各地の草生す廃墟を「ラピュタみたい」と形容する例もしばしば見かける。「ラピュタ」とは、宮崎駿《みやざきはやお》が監督を務めた映画『天空の城ラピュタ』（一九八六年）に登場する超古代文明の廃墟のことである。

人々は〈廃墟〉に栄えある〈過去〉を想像する。しかし、我々は炭鉱の遺構に〈過去〉しか見いだせないのであろうか、そこに〈未来〉を見ることはできないのであろうか。本章では、この点を「釧路産炭地域」を事例に考えてみたい。

特急列車で釧路へ向かうと市街地に入ったところで左手に白煙を吐く王子マテリア（旧・本州製紙）釧路工場が出迎えてくれる。そこから少しすると再び巨大な工場プラントが現われる。二〇二一年に閉鎖し火力発電設備のみが操業している日本製紙釧路工場である。同工場の閉鎖は釧路の経済と社会の発展に大きく寄与してきた産業の衰退を象徴するものであった。しかし、釧路の住民にとって、地域の衰退をより意識させたのは、同工場に先立つ二〇〇二年、釧路地方最後の炭鉱であった太平洋炭礦の閉山であろう。

釧路地方ではこのほかにも、各地で大小様々な炭鉱がかつて操業

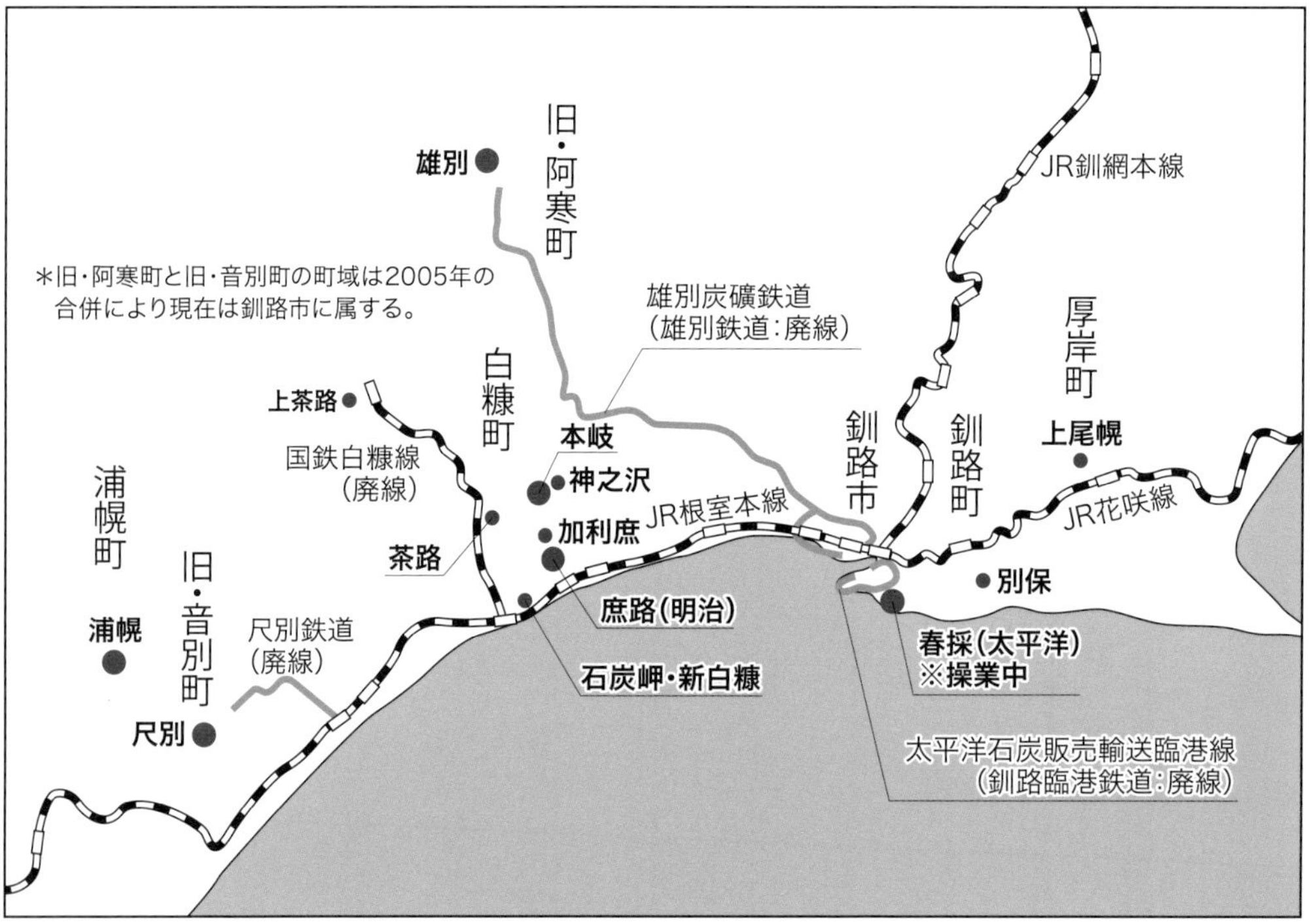

釧路産炭地域の主な炭鉱跡地の位置

していた。かつて栄えた炭鉱町に残るわずかな遺構にその面影を見いだすには、その〈記憶〉の共有が必要となる。

ある炭鉱跡地がネット上で「心霊スポット」として紹介され、その肝試し動画も多数ネット上にアップされていることを、釧路公立大学のある卒業生が教えてくれた。不用意に夜中に人里離れた山中に立ち入るのはあまりに自然離れした感覚であるし、何よりもこれらの心霊スポットツアーを楽しむ人々にとっては、そこは〈非日常〉を体験させてくれる〈無気味〉な廃墟に過ぎず、かつての賑わいや温もりといった埋もれた日常への想像力さえもおそらくは皆無なのであろうと推察される。

人類史的に見れば、人間集団が生活・生産の拠点を放棄し新たな拠点を求めるということは絶え間なく繰り返されてきたことである。そうした観点から見れば、炭鉱の閉山も人類のそうした普遍的な活動の一環と言えるであろう。そのように考えれば、炭鉱跡地とは、生活・生産拠点の放棄という人類史上の普遍的な現象を観察・体感することを可能にする場でもある。

もちろん、炭鉱跡地の遺構そのものが語ることはあまり多くはない。しかし、炭鉱跡地をめぐっては〈記憶〉をつむぐための様々な試みがなされてきた。こうした〈記憶〉こそ、炭鉱跡地の遺構を、無気味な廃墟と見るか、往時の賑わいと温もりを想起する手がかりにするか、そしてそこに人類の長大な移動史とその〈未来〉を体感できるかを分かつものとも言えるだろう。

本章では、まず「釧路産炭地域」の概要を紹介したうえで、各地の〈記憶〉をめぐる活動を紹介し、第二次世界大戦前には同じく日本国内の主要産炭地域の一つであった「樺太《からふと》」（サハリン南部）と釧路をつなげ、〈記憶〉を残そうとする活動における「故郷喪失」経験の与える影響を考え、「さいごに」で先ほど挙げた「炭鉱の遺構に〈過去〉しか見いだせないのであろうか、そこに〈未来〉を見ることはできないのであろうか」という問いについて考えてみたい。

なお、前半部では個別事例の記述がやや煩雑になるかもしれないので、各節末尾の小括だけ目を通していただき後半へ移っていただいてもかまわない。また、炭鉱と鉄道は密接な結びつきがあるものの、記述が煩雑になることを避けるため、本章では割愛した点は、どうかご理解いただきたい。

「釧路産炭地域」を知る

釧路産炭地域とは現在の自治体で言えば、東は厚岸《あっけし》町から西は浦幌《うらほろ》町に及ぶ地域を指す。北海道内では、芦別《あしべつ》、赤平《あかびら》、歌志内《うたしない》、美唄《びばい》、三笠《みかさ》、夕張といった空知地域と双璧を成していた産炭地域である。以下、その概要を各種資料から紹介しておく。

白糠《しらぬか》

釧路産炭地域で産業的採掘が早くに始まったのは白糠炭田である。わずか七年ではあるが、函館開港に合わせ外国船への石炭供給を目的として開発され囚人労働も導入された。その後四〇年を経て一八九七年に白糠炭田で採炭が再開、さらに四〇年を経た一九三七年には日中戦争による需要を見込み三菱鉱業が白糠炭田に鉱区を設定し、翌年には雄別《ゆうべつ》炭礦鉄道が加利庶《かりしょ》炭砿に、明治鉱業が庶路《しょろ》に採掘鉱区を得ていく。その後、神之沢炭鉱、茶路《ちゃろ》炭鉱、庶路炭鉱、本岐《ぽんき》炭が開坑することとなるが、一九四四年には石炭生産を九州に集中させる政策のため全山が休坑にいたる。

戦後、これらの炭鉱は再開することになり、一九四八年には三菱鉱業から鉱区使用権を新白糠炭鉱が取得し操業を始めるなどの興隆を見たものの、一九五五年の石炭鉱業合理化臨時措置法によって小炭鉱の閉山が始まり、一九六四年には白糠最大規模であった明治庶路炭鉱や戦後に操業を開始した新白糠炭鉱も閉山にいたる。一九六六年には雄別炭礦の新坑として上茶路炭鉱での採炭が開始され人口流出を防いだものの、一九七〇年には雄別炭礦の本拠地である雄別側の炭鉱とともに上茶路炭鉱も閉山にいたり、白糠町の人口急減をもたらすことになる。

雄別

先述の雄別炭礦は、一九一九年に設立された北海炭砿鉄道を一九二四年に三菱鉱業が買収・解消して生まれた雄別炭礦鉄道から一九五九年に分離独立して生まれた。雄別炭礦が本拠地とする舌辛《したから》炭田は一八八九年の道庁の地下資源調査で発見され、以後採炭が試みられていた。雄別でも白糠同様に戦時期の九州への「急速転換」によって一九四四年に操業を中止することとなるが、一九四六年に操業を再開、人員も急増し古潭地区に炭住街を造成することになる。しかし、一九七〇年には閉山にいたり阿寒《あかん》町（旧・舌辛村、現・釧路市阿寒地区）の人口は急減することとなる。

尺別《しゃくべつ》

三菱鉱業の雄別鉱業所は白糠の西隣の尺別（現・釧路市音別《おんべつ》地区）にも支坑を有していた。尺別では、一九一八年から北日本鉱業によって開坑が行なわれていたが、一九二八年に三菱鉱業が買収し、炭鉱住宅の整備も進んだ。他の炭鉱同様に一九四四年には休坑し、一九四六年から再開する。前述の雄別炭礦鉄道の三菱からの分離独立に伴い同炭鉱は雄別鉱業所尺別炭砿となる。雄別同様に、尺別炭鉱も一九七〇年には閉山にいたり、音別町に人口の急減をもたらすこととなる。

なお、現・釧路市は二〇〇五年に旧・釧路市、音別町、阿寒町と合併し発足しており、旧・音別町域である釧路市音別地区は、旧・釧路市域および旧・阿寒町域とは白糠町を挟んで「飛び地」となっている。

浦幌

尺別炭鉱の位置した音別地区の西にある現・浦幌町域内にもかつて炭鉱が存在していた。浦幌炭鉱は一九一八年に大和鉱業によって開かれたものの、第一次大戦後の不況を受けて一九二一年に休山、一九三三年から操業を再開、一九三六年には三菱鉱業に買収され、雄別炭礦鉄道の尺別鉱業所の管理下に入る。他の炭鉱同様に一九四四年の転換にあたって休山となる。一九四八年には採炭を再開、しかし一九五四年には閉山となり三菱鉱業に関連する雄別、尺別、茂尻《もしり》（空知）の炭鉱へと配置転換された。

釧路（春採《はるとり》・別保《べっぽ》）

釧路市街地南東沿岸部に位置する太平洋炭礦は、一九二〇年に木村組釧路炭礦（春採坑）と三井鉱山釧路炭礦（別保坑）の合併により生まれた。木村組釧路炭礦は、休坑していた春採の安田炭鉱を台湾でも鉱山事業を行なっていた木村久太郎《きむらきゅうたろう》が一九一七年に買い取り操業を始めた炭鉱である。三井鉱山釧路炭礦は、一九〇七年に山県勇三郎《やまがたゆうざぶろう》が買い取り操業を行なっていた別保の大阪炭鉱を一九一六年に三井鉱山が買収したものである。なお、別保の炭鉱については一八八九年の道庁地下資源調査でもすでに存在は知られており、前述の山県は大阪炭鉱に先駆けて同地で山県炭鉱の操業を行なっていた。一九四四年の転換で前述の他の炭鉱同様に太平洋炭礦も保坑・休坑となり、人員は空知や九州へと転換される。

戦後、採炭を再開するものの条件の悪い別保坑は一九四九年に閉坑となった。一九五一年には、春採坑は全面的に海底採炭へと移行し機械化が進展する。しかし、九州最後の炭鉱である池島炭鉱が閉山した翌二〇〇二年に、国内最後の炭鉱として太平洋炭礦も閉山にいたる。ただし、国際的技術継承を目的として「釧路コールマイン」が設立され一部操業を継続している。

なお、現・釧路町内の昆布森《こんぶもり》には一九六五年に栄和炭鉱の深山新坑が開かれたものの一九七二年には閉山している。

厚岸

釧路町の東に位置する現・厚岸町の上尾幌《かみおぼろ》でも一九一八年から採炭が行なわれていたほか、厚岸湾に近い糸魚沢《いといざわ》炭鉱も一九三三年から小規模な採炭を開始している。一九四四年の転換では他の炭鉱同様に休坑と人員の空知・九州への配置転換が行われた。戦後操業を再開するものの、これら炭鉱も一九六〇〜六五年にかけて閉山していくことになった。

小括

以上、釧路産炭地域の概要をまとめてみると以下のことが言えるであろう。まず、三菱系の雄別・白糠・尺別・浦幌、三井系の春採・別保、明治炭鉱の庶路、そしてその他中小の炭鉱が存在していた。次に、おおむね第二次世界大戦までに操業が開始され国内産業の発展や日中戦争以降の燃料需要で興隆するものの、一九四四年の急速転換によって一時的に操業停止、戦後の復興需要で再興隆するも今度はエネルギー転換によって国内産石炭の需要が低下し一九六〇、七〇年代を中心に閉山が起き、二〇〇二年の太平洋炭礦の閉山によって産炭地域としての経済的役割を終えることとなった。そして、釧路市内に位置する太平洋炭礦を除けば、人口希薄地に生まれた炭鉱町の消滅は、地域社会にとって多大な人口的・経済的影響を与えることとなった。

「ヤマ」の歴史をつむぐ試み

釧路産炭地域の「ヤマ（炭鉱）」の〈記憶〉をつむぐ試みとしては、釧路市立博物館学芸員の石川孝織や社会学者の嶋﨑尚子などがすでに膨大な研究と刊行物を世に出している。しかし、「ヤマ」の〈記憶〉をつむぐ試みは、こうした研究者だけではなく、自治体、企業、個人によっても実践されている。ここでは、石川・嶋﨑両氏らの成果も交えながら、刊行物、博物館・資料館展示、記念碑、遺構などを通した「ヤマ」の〈記憶〉をつむぐ試みについて、Ⅰ章との重複もあるが、筆者のフィールドワークを踏まえ、改めて紹介したい。

白糠

すでに記した通り、白糠は釧路産炭地域の先駆けとなる採炭が行なわれた地域であり、その現場は現在は地図上は「岬」と表記されるものの通称「石炭岬」と呼ばれる沿岸部であった。同地の海岸を望む高台には「北海道石炭採掘創始の地」の碑が一九八五年に建立されており、麓を走る国道三八号線や鉄道からも目視が可能であるものの、記念碑にいたるための道は整備されておらず半ば藪の中を進む必要がありアクセスは困難である。

それとは別に、その丘陵の東側の谷を走り太平洋に注ぐシラリカップ川沿いの道を内陸へ入ると一九九六年に白糠町によって建立された「新白糠炭砿創操業地記念碑」にいたることができる。こちらは道路沿いの平坦な場所にあるため「北海道石炭採掘創始の地」の碑よりはアクセスが容易であるものの、湿地にあるためアクセス環境が良いとは言い難く、道路から見える位置にあるわけではないので、位置を知らなければすぐにはたどりつけないかもしれない。

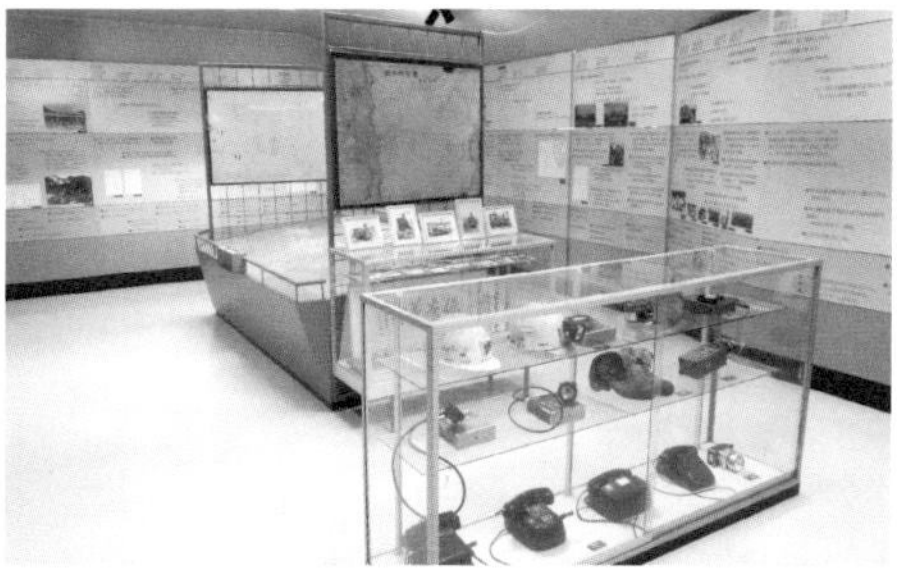
白糠炭田石炭資料室（2022年9月）

白糠で最大規模の炭鉱は西庶路の明治炭鉱と言える。現在の西庶路の市街地自体がかつての明治炭鉱の炭鉱住宅街（炭住）の名残であり、炭鉱跡地へ続く住宅街の中の道の一つは今でも「明治通」と呼ばれている。そしてその「明治通」沿いの西庶路錦公園には一九八四年に建立された「庶路炭鉱発祥之地」という記念碑がある。興味深いのは、記念碑の土台に「ふるき友よ、この地に思いをいたそう／殉職者の皆さん安らかに」という殉職者五八名の氏名を刻んだ石板がとりつけられ、その中に朝鮮風の姓名や朝鮮系住民の日本名と思われる氏名が計一〇件ほど見られることである。記念碑からそれ以上の詳細は読み取れないものの、少なくとも職場の仲間に対する出身地・民族・国籍を理由とした排除が〈記憶〉構築において行なわれていないことが確認でき、その〈共生〉の実態に想いがおよぶ。

かつて坑口や病院、購買所などのあったチプタナイ周辺は、現在の市街地の北西部に位置し今では王子製紙・王子木材緑化の社有地として山林になっており、市街地のはずれの林道入り口から遺構を見ることはできない。市街地東辺を南北に貫く道道二四二号線（上庶路庶路停車場線）を八キロメートルほど内陸へ入ると、明治鉱業の本岐炭鉱の跡地を通ることになる。こちらは、道道からも一部廃屋が見えるようである。また西庶路の西側の丘陵を越えたところに白糠の市街地があり、そこから二五キロメートルほど内陸へ入ると上茶路の炭鉱跡地となるが遺構の目視は容易ではないようである。

このように白糠では炭鉱遺構の保存や公開に積極的であるとは言えないものの、西庶路コミュニティーセンター内の一角に「白糠炭田石炭資料室」を設け、詳細な年表や地図、写真のパネル展示や当時使われた道具などの展示を行ない、炭鉱の歴史をつなごうと試みている。

雄別

雄別炭鉱は、比較的残存している遺構が多いだけではなく、自動車の通れる道から目視できる遺構も多く、冒頭でふれた「心霊スポット」にもなってしまっているようである。炭鉱跡地を通る道路沿いには一九八〇年に有志によって建立された「雄別炭砿記念碑」が今もよく整備されている。

西庶路と異なり炭鉱住宅街はすでに消失しているものの、炭鉱跡地に続く道沿いの布伏内《ふぶしない》集落のコミュニティーセンターには「古潭・雄別歴史資料室」が設けられている。時期によって展示内容に変更があるかもしれないが、筆者訪問時の展示内容は圧倒されるばかりであった。壁を埋め尽くし天井を覆わんばかりの独自の手法で製作された地図・写真・解説文のパネルや資料群の情報の大円舞が訪問者を取り囲むのである。これらは当地における地元の歴史をつむがんとする有志や前述の石川学芸員たちの熱意の顕われそのものである。

古潭・雄別歴史資料室（2022年9月）

興味深いのは、展示の中に「アイヌの時代」「半島人（朝鮮人）」「女性も大活躍」と題されたパネルが見られ、マジョリティに偏重した歴史叙述を回避していることである。単に当時のマジョリティ（日本人・男性）の視点からの懐旧ではなく、時代の情勢に合わせこうしたマイノリティへの視線も取り入れながら歴史がつむがれている。

この布伏内とは別に、道の駅「阿寒丹頂《たんちょう》の里」に隣接する阿寒町自然休養村内の「雄鶴《ゆうづる》　炭砿と鉄道館」でも雄別炭鉱に関する展示が行なわれている。

尺別

尺別炭鉱跡地は、中心部分は山林となってしまっているものの、道道三六一号線（尺別尺別停車場線）沿いに残存する遺構を複数容易に目視できる。また道道三六一号線沿いに「復興記念」の碑も見ることができる。この碑の指す「復興」とは戦時の転換による一時休山からの戦後の「復興」を指しており、完全な閉山にまつわる碑ではない。ただし、二〇〇〇年には「尺別炭鉱閉山三〇周年の集い」の記念プレートが土台に打ち付けられ、現在では「復興」から「閉山」をつなぐ碑となっている。

道道三六一線の東側に沿う丘陵を越えた音別市街地の「釧路市音別町ふれあい図書館」の二階には「音別町郷土資料展示室」があり、郷土史の一環として尺別炭鉱についての展示も行なわれている。

道路沿いに残る尺別炭鉱の遺構（2022年9月）

釧路・太平洋炭礦

太平洋炭鉱については、先述の通り現在も釧路コールマインとして施設が稼働し、周辺の住宅地も現役の住宅地として機能していることから、その施設や旧・炭鉱関係者居住域を「遺構」と呼ぶのは難しい。ただ、かつての賑わいを思い起こさせる場所としては、青雲台《せいうんだい》が挙げられる。現在、釧路コールマインの施設は沿岸の海岸段丘に所在する坑口のある事業所敷地と、そこから丘陵を越えたところにある選炭工場敷地とに分かれており、その間を東西にのびる丘陵の尾根にあたる部分に青雲台がある。現在、青雲台には、体育館と斎場、そして「太平洋炭鉱展示館」があるが、かつては太平洋炭礦関係者のためのホテルや結婚式場などを取りそろえた大型福利厚生施設があった。現在、現地は整地されその面影はまったく見られないものの、先述の太平洋炭礦炭鉱展示館の中の往時の模型や写真を見ることで、往時を思い起こす想像力が喚起される。また、青雲台からは現在も日々積まれていくズリ山を見ることができ、太平洋炭礦は閉山したとは言え、生きた炭鉱であることを改めて認識させる。

釧路コールマイン（旧・太平洋炭礦）の稼働施設見学の様子（2022年10月）

このことは太平洋炭礦炭鉱展示館の展示内容にも顕われている。同館の展示は、大型採炭機械の展示などが中心であるように技術的解説を主としており生活史の部分はほとんど見られない点で、他の炭鉱跡地に関する資料館の展示とは大きく異なっている。釧路コールマインは、安全技術の国際的継承だけではなく、廃坑の有効利用試験などの事業も展開しており、炭鉱を文字通り過去のものとしない技術的・経済的取り組みが続けられている。

もちろん、〈記憶〉をつむぐ取り組みも行なわれている。たとえば、太平洋炭鉱閉山翌年の二〇〇三年には釧路市が、釧路炭田近代化過程研究会、太平洋炭礦関係者、北海道教育大学釧路校や釧路公立大学の研究者の指導・助言を得ながら豊富な画像・映像資料も収録した資料集『釧路炭田 その軌跡』を刊行し、現在もウェブ上で公開している。

釧路市立博物館は、二〇〇九年度には「炭鉱《ヤマ》のくらし・マチの記憶」継承～地域内地域間連携事業として、特別展「炭鉱《ヤマ》のくらし・マチの記憶」やバス見学会、講演会「炭鉱《ヤマ》のくらしが教えてくれるもの」、炭鉱映画祭などを開催し、翌二〇一〇年度には「炭鉱《ヤマ》のくらし・マチの記憶　「炭鉱文化」集積継承・交流促進事業」として企画展「炭鉱《ヤマ》のあるマチ」、炭鉱映画祭、講演会「炭鉱《ヤマ》から学ぶこと　歴史をたどり、ふたたび結ぶ」、「ヤマの話を聞く会」などを開催し、それらの記録を残している。また、近年では、太平洋炭礦と釧路港をつないでいた「太平洋石炭販売輸送臨港線」が二〇一九年に廃止されたことを受けて、企画展「炭鉱と、港と」が二〇二三年に開催されたほか、同年には台湾の新平渓煤礦博物園区（台湾炭鉱博物館）と友好館協定を締結している。当然のことながら、こうした企画展だけではなく、釧路市立博物館では常設展示においても炭鉱の歴史は触れられている。

なお、釧路町、厚岸町、浦幌町の域内に存在した別保、上尾幌、浦幌の炭鉱跡地にも遺構が数件残されている。

小括

以上から、釧路産炭地域における〈記憶〉をつむぐ試みとして次のことが言えるであろう。

まず、炭鉱跡地が積極的に保存・公開されているとは言えない。この点は、空知産炭地域における「赤平市《あかびらし》炭鉱遺産ガイダンス施設」や美唄の「炭鉱メモリアル森林公園」などの事例と比較すると対照的であると言えよう。ただし、整備されていない分、心霊スポットになってしまうような剥き出しの生々しさがあるとも言える。

また、現在も釧路コールマインとして部分的に稼働している太平洋炭鉱は、部外者から見れば〈生きた化石〉のようにも見えるかもしれない。釧路コールマインの諸施設は現役のものもあり、また施設の新設も行なわれており稼働中施設として基本的に部外者には公開されていないものの、石炭産業振興などを目的とした各種見学会などの機会に部外者も入構することができ、往時への想像力を喚起させられるからである。筆者も二〇二二年一〇月に開催された「石炭基礎講座」に参加し、二酸化炭素の炭酸塩鉱物化のための新施設だけではなく、太平洋炭礦以来の諸施設も見学することができた。

次に、遺構群の整備状況に比して、地元の博物館や資料館の収蔵と展示は整備されており、雄別のように単なる行政の郷土史展示を超える地元有志の熱意が伝わってくる事例も見られる。各地に建立された記念碑もこうした関係者有志の想いの表われの一つと言える。

また、太平洋炭鉱や尺別炭鉱を中心に、大学や博物館に所属する研究者と地元有志との協働による研究やその成果としての博物館企画展示、関連催事、出版物刊行も進展している。

釧路と樺太をつなげてみる

二〇二四年は日露戦争開戦一二〇年にあたる。この日露戦争の講和条約であるポーツマス条約によって日本が領有権を得たのが、サハリン島の北緯五〇度以南「樺太」である。樺太にも、川上《かわかみ》（現・シネゴルスク）、内淵《ないぶち》（現・ブイコフ）、恵須取《えすとる》（現・ウグレゴルスク）、塔路《とうろ》（現・シャフチョルスク）といった炭鉱が存在した。炭鉱開発を契機に未開発地に市街が形成されたという点や島外移出だけではなく島内工業化にも貢献したという点では釧路産炭地の諸炭鉱と同様の発展の仕方を歩んだと言える。一九四五年のソ連の樺太侵攻以降も各炭鉱の操業は継続されたものの現在では閉山している。

サハリンの日本時代の建築物の遺構は、一九九〇年代以降、元・住民の故郷再訪が増加したほか外国人が立ち入れる区域も拡がったことによって、そうした訪島者たちが持ち帰った情報を中心に日本国内でも知られてきたし、建築史という観点から角幸博《かどゆきひろ》や井澗裕《いたにひろし》といった日本側研究者が関心を持ち研究や情報発信を行なったほか、現地政府やロシア側研究者もその保存に注力してきた。

近年では、現在も郷土博物館として活用されている旧・樺太庁博物館のような市街地にある現役施設だけではなく、ソ連の計画経済の崩壊によって操業を停止したサハリン各地のパルプ製紙工場のような〈廃墟〉への関心も高まっている。写真家の斉藤マサヨシはこうした遺構の写真を撮影する動機を「サハリンには樺太開発に情熱を注いだ数多くの日本人の想いのかたちが残っている。それらの一部は壊れたり、傷ついたり、変えられたりしているが確かに存在している。私は、これらを一つでも多く撮影して後世に伝えなければとの強い思いを抱いた。」（『サハリンに残された日本：樺太の面影、そして今』）と記している。

筆者は一〇年近く前に地元住民の案内で内淵の炭鉱跡地を訪問したことがある。炭鉱跡地といっても雄別や尺別のように炭鉱町が消失し山林に埋もれているわけではなく、小さな市街地に隣接する形で炭鉱施設や坑道が放置されているのであった。現在も一部稼働を続ける太平洋炭鉱を除けば、釧路産炭地域でここまで施設群が往時の形を保っているところは無いが、だからといってこの内淵の炭鉱跡地が観光施設や教育施設として機能するために保存・公開されているわけでもない。

内淵炭鉱跡地（2010年9月）

なお、ソ連崩壊以後のサハリン経済を牽引することになった石油・天然ガス開発の中心地であるオハ市では、一九二〇年代に造られた採掘施設が記念に保存・公開されている。この点は、サハリンでは斜陽産業となってしまった炭鉱との対照性を見出せるかもしれない。

北海道とサハリンは現在は国境を挟んでいるものの、かつてはサハリン南部も北海道同様に日本領であり、地質的にも連続性がある。こうした連続性を背景に、露天掘りに比しての坑内掘りのコスト面での劣位性、石炭から石油へのエネルギー転換などから北海道でもサハリンでも炭鉱は閉山し炭鉱跡地には遺構が残されるという同様の現象が起きていることは、生活・生産拠点の放棄という人類史的

太平洋炭礦炭鉱展示館に展示されている
日ソ交流記念品　（2019年9月筆者撮影）

普遍性を持つ現象が国境を挟みつつもつながり合っていることを示している。

　筆者が二〇一九年に前述の太平洋炭礦炭鉱展示館に訪れた際に、日本とソ連の国旗が交差した置物が展示されているのを見かけた。何の説明書きも無いので、館員の方に由来を尋ねたところ、冷戦期にサハリンから交流団が来た際の記念品であるという。冷戦期にサハリンの交流団が訪問したのは炭鉱だけではないものの、冷戦期という国際交流が困難な時期に炭鉱が一つの交流の場となっていたことは北海道とサハリンの連続性を考えるときには興味深い事実であろう。

故郷喪失

〈故郷喪失〉という観点からも釧路産炭地域と「樺太」を結び付けてみたい。

　釧路産炭地域の炭鉱跡地には記念碑が建立され、行政や研究者だけではなく関係者有志によっても多くの記録が編まれた。なぜこうした活動が生まれるのであろうか。とりわけ記念碑の建立は費用面でも大きな負担を生む。

　筆者は、かつてサハリンに戦後に建立された日本人関連慰霊碑等の研究を行なったことがある。その多くは一九八〇年代半ば以降に引揚者によって建立されたのであるが、なぜ数十万数百万円単位の費用をかけ、なおかつやり取りの難しい外国領にあえて慰霊碑を建立するのか、当初は理解できなかった。しかし、ひとつひとつの慰霊碑の建立史を、関係者への聞き取りや残された資料などから調べあげていくうちに、引揚者にとってそれが一種の自身の存在証明となっていることに気付いた。すなわち、幼少期を過ごした「故郷」が外国領になり再訪時には往時の名残も乏しくなった様を観るという経験をした引揚者たちは、深い〈故郷喪失〉を味わうこととなる。しかし、自分はそこにかつて存在したのだという証明として現地慰霊碑建立を希求したのである。

　これは記録編纂も同様と言える。炭鉱関係者が編纂した各種記録を繰っていると、樺太引揚者たちが編んだ郷土の記録と重なるところが多々あるのである。たとえば、その一つに市街図や住宅地図の作成がある。どこにどんな施設があったかだけではなく、どこに誰が住んでいたのかということまで再構成しようとする試みは少なくない。これこそまさに自己の存在証明にほかならない。また、樺太引揚者が多くの同窓・同郷団体を形成したように、炭鉱出身者も閉山・離散後

元・樺太住民のサハリン再訪記
（荒澤勝太郎『遥かなるサハリン』表紙）

に同郷団体を形成した点も重なっている。

引揚者たちの故郷は海の向こうの他国領であり、廃鉱関係者の故郷は依然として国内であるという相違はあるものの、集団的な〈故郷喪失〉という意味では重なる。また、樺太から引き揚げた先の釧路で廃鉱を迎え二重の〈故郷喪失〉を経験している人々も中にはいる。

北海道の移民史を眺めてみても、新十津川《しんとつかわ》のように災害移民によって拓かれた入殖地が存在する。法制度上は「内地《ないち》」であり続けたにもかかわらず未だに残っている、津軽海峡以南を「内地」と呼ぶ北海道の習慣は、明治以降の移民たちの〈故郷喪失〉の顕われと言えようし、「先住民族」のアイヌさえもその多くが和人の入殖の進展に伴い従来の生活の場を追われた〈故郷喪失〉を経験しているのである。その意味で言えば、北海道、そしてサハリンは〈故郷喪失〉の集積地とも言える。

ただ、こうした集団的な〈故郷喪失〉は、北海道やサハリンのような〈辺境〉にのみ見られる現象ではなく、九州など〈内地〉の産炭地域でも起きたことであるし、東日本大震災や本章執筆中に起きた能登半島地震のような災害においても生じ得るものであろう。そして人類史的観点からみれば、生活・生産拠点の放棄と移動という普遍的な現象なのである。

樺太千島交換条約による国境変動に伴い北海道へ移住し当地で死去した樺太アイヌの慰霊碑（左）と慰霊のイナウ（右）（2009年8月）

さいごに

廃墟に何を求め何を想うかは人それぞれであり、正解などはありはしない。しかし、ここで歴史研究に携わる者として、イギリスの歴史学者E・H・カーが残した「未来だけが、過去を解釈する鍵を与えてくれる」（『歴史とは何か』岩波書店、一九六二年）という言葉を思い起こすことで「夏草や兵どもが夢の跡」を一歩乗り越え、遺構を訪れる意義を改めて考えてみたい。

「故郷喪失者」が遺構に往時を想い懐旧の念を抱くことは当然のことである。しかし、そうではない人々にとって遺構は「兵どもが夢」を想起するにとどまるだけのものに過ぎないのであろうか。

筆者はそうではないと考える。「祇園精舎の鐘の声」に始まる『平家物語』冒頭部分は無常観の表現であることはもちろんであるが、その無常を自分自身の未来に投じることで実践的意義を持つ。『平家物語』を平家の盛衰の物語として読むのではなく、自分の未来の物語として読むときに、我々は『平家物語』の語る歴史を「解釈する鍵」を得ることができる。それは〈現在〉は〈永遠〉ではないという想像力である。自分の住む街が数十年後には「ラピュタみたい」と言われ嬉々として写真が撮られるスポットになっているかもしれないという想像力である。

本章冒頭で筆者は、「炭鉱跡地とは、生活・生産拠点の放棄という人類史上の普遍的な現象を観察・体感することを可能にする場」

と書いた。これを直截的に表現すれば、炭鉱跡地とは、産業構造が変わることで「マチ」が消えるということを体感できる場と言える。炭鉱跡地を自身の未来として見ること、そこに炭鉱跡地を訪問する意義の一つを求めることができるのではないか。極めて短期的に生成と消滅が起きた社会空間が炭鉱町なのであって、同様のことはどこでも起き得るし、実際に起きてきたのである。

釧路産炭地域にはこうした体感が可能な遺構が残されている。たとえば、尺別の遺構は山林に立ち入らずとも道路沿いに目視ができるものがあり、生活・生産の拠点の放棄が体感しやすい。また、雄別の炭鉱歴史資料室は関係者の想いの熱さを体感するには好適な場であるし、その他の博物館・資料館も炭鉱跡地を訪れる前後に〈記憶〉をめぐる知識を得る場としても活用できる。

釧路産炭地域では、こうした遺構に過去の賑わいと温もりを見いだすための〈記憶〉が、自治体、企業、個人によって丁寧かつ存分に蓄積されてきたし、またされ続けている。

国内のほかの産炭地域と比較した場合の釧路産炭地域の大きな特徴としては、太平洋炭礦が釧路コールマインとして部分的操業を続けていることが挙げられる。しかもその操業が単なる縮小経営ではなく、前述のような国際的技術継承や環境保全に向けた廃坑の有効利用など総合的な石炭産業振興という〈未来〉を向いた操業であることは重要である。炭鉱と言えばどうしても過去の産業として思い描いてしまうが、〈未来〉を向いた釧路コールマインが存在することで、釧路産炭地域は独特の意義を有している。

実は似たような事例は、同じ道東の網走にも見られる。「博物館網走監獄」の展示の中心は、過去の「監獄」にあるわけであるが、見学順路の最後には現在の網走刑務所に関する展示もある。懲罰・労役を目的とした監獄から、更生を目的とした刑務所への転換の歴史が強調され、その刑務所が今現在、網走にあることを見学者に告げる。〈過去〉を見た見学者は振り返って、〈現在〉と〈未来〉を見つめることになる。

釧路産炭地域の各種遺構が、〈記憶〉の蓄積と組み合わさることで人類の長大な移動史を体感できる場になること、そして自分たちの〈未来〉を想う場になることを願う。

（中山大将）

■参考文献

石川孝織『釧路炭田炭鉱と鉄路と　増補版』水公舎、二〇二〇年。
斉藤マサヨシ『サハリンに残された日本―樺太の面影、そして今』北海道大学出版会、二〇一七年。
嶋﨑尚子ほか著『〈つながり〉の戦後史―尺別炭砿閉山とその後のドキュメント』青弓社、二〇二〇年。
原暉之、天野尚樹編著『樺太四〇年の歴史―四〇万人の故郷』全国樺太連盟、二〇一七年。
北海道産炭地域振興センターWebサイト http://www.santankushiro.com/
「釧路炭田　その軌跡」釧路市役所Webサイト https://www.city.kushiro.lg.jp/area/common/003hp/home.html

コラム

「監獄部屋」労働者の血が滲んでいる常紋トンネル

″タマネギ列車″

北海道・オホーツク海に面した北見地域は、日本一のタマネギ生産地で知られる。生産されたタマネギは、トラックでも輸送されるが、主にJR石北本線で本州方面に出荷される。始発の北見駅で、専用の″タマネギ列車″が編成され、五五個のコンテナを積み込むと、旭川《あさひかわ》へと向かう。旭川へ到着するには、一〇〇〇分の二五の急勾配である常紋トンネルを越えねばならない。あまりに傾斜がきついため、トンネルの北見側にスイッチバック線が敷設されており、以前は平坦なこの線で加速し、トンネル越えしたものだ。現在の″タマネギ列車″は、最新式のディーゼル機関車DF二〇〇が牽引し、さらに最後尾で同型車が後押しして一気に登り切る。

本州方面の失業者を騙して連行

現在でも、常紋トンネルは、JR運転手にとって鬼門である。しかし、一一〇年前のトンネル工事では、もっと辛酸を極めた。ここで一〇〇人から四〇〇人の労働者が死亡したと伝えられている。なぜ大量の死者が出たのか。人権を無視した「監獄部屋」労働が強行されたため、悲劇は起きたのである。

監獄部屋と聞くと、みなさんは、罪を犯した受刑者、つまり囚人による労働を連想するかもしれない。だがここでいう監獄部屋労働はそうではない。東京、大阪などで失業者を騙して北海道に連行し、過酷な労働を強い、殺した行為を指す。いわゆる「タコ労働」だが、私たちはこれを差別用語と考え、決して使わない。「タコ部屋」という表現は本来、北海道や樺太の炭鉱などで、監禁同様にして働かせた飯場を意味しており、「タコ」の語源も諸説ある。借金をかたに働かされる募集人夫を自分の身を食って生きる蛸にたとえたとか、道外の本州から雇われた他雇（タコ）だとするのがそれだ。だがこの言葉は差別する側の言葉と私は考える。

ところで昔も大都会の公園には、失業者が寝起きしていた。そこへ周旋屋《しゅうせんや》の手先であるポン引きが近寄り、「北海道には良い稼ぎ口があるよ」とささやく。朝から何も食べていない失業者が、この甘言に乗らないわけはない。承諾すると「就職の前祝いに一杯飲もう」と安酒を飲まされる。これが前借金になるとは、後で知らされる。このあと、周旋屋の二階に押し込まれ、二〇～三〇人まとまると、周旋屋は客車一両を貸し切り、監視付きで北海道に護送した。

常紋トンネル工事
殉難者追悼碑

植民地政策が強行された北海道開発

北海道の景観はどこでも美しい。だが北海道開発は植民地政策の連続であり、その歴史は暗く重い。江戸期、幕府は網走に住むアイヌを、利尻島、択捉島に連行し、過酷な労働で死亡させた。明治政府になっても、その政策は変わらず、今度は囚人労働によって北海道開発を進めた。明治政府太政官書記官金子堅太郎《かねこけんたろう》は、一八八五（明治一八）年、「北海道三県巡視復命書」のなかで、こう語っている。「彼ら（囚人）は、もとより暴戻《ぼうれい》の悪徒なれば、工事に服せしめ、もしこれに堪えず斃《たお》れ死して、その人員を減少するは、監獄支出の困難を告ぐる今日において、万止《ばんや》むを得ざる政略なり」と、時の総理大臣伊藤博文《いとうひろぶみ》に具申した。この植民地政策は即実行され、一八九一（明治二四）年、網走～旭川間の中央道路は、二一二人の囚人の命と引き換えに完成した。

その後、キリスト教教悔師《きょうかいし》の闘いによって囚人労働が廃止されると、次に明治政府は、失業者を送り込み、北海道開発を推進した。民間の力による植民地政策である。一九一三（大正二）年、まさに常紋トンネルで労働者が殺されているとき、第一三回通常道会（北海道議会）では、監獄部屋問題が質問されていた。上野盛松議員（当時函館支庁選出）は、「警察費は土木費の倍、予算総額の四分の一に当たる。しかして、如何なる程度に人民の生命が保護されているか。土工の虐待、虐殺が依然として行われている」と監獄部屋の取締り強化を追及した。これに対し、当時の道庁警察部長は「世間で云うやうに，所謂監獄部屋で虐待するという程ではありませぬ。謂わば声が余りにも大きすぎるような感じを持っております」と批判を遮った。この答弁が象徴しているように、日本政府も道庁も、植民地政策を少しも改めようとしなかった。それどころか、日本の植民地政策は、朝鮮人・中国人強制連行へと拡大させていくのである。

一九四六年、ＧＨＱが監獄部屋を廃止

監獄部屋労働は、敗戦直後、たまたま札幌に駐留していた占領軍（ＧＨＱ）に逃げ込んできた労働者の訴えで発覚した。ＧＨＱは、一九四六年マッカーサー指令で、職業安定法第四四条により、労働者供給事業を禁止するとともに、機関銃をもって道内の監獄部屋を制圧した。この間、日本政府も道庁も、何ら重要な役割を果たすことはなかった。それどころか戦後永く、不都合な真実として、この歴史を隠蔽してきた。これに対し一九七〇年代、道内で民衆史運動が起きると、まず、一部の市町村史がこれを書き加えるようになり、小学校の社会科副読本がそれに続き、そして今、北海道史が書き換えられようとしている。

「正統な歴史学ではない」——文献史学からの批判

常紋トンネルの監獄部屋でいえば、一九七三年に調査、発掘を始め、今日まで五〇年の歳月を要した。この工事に関する物的証拠は、三枚の写真と白骨しかない。私たちの作業は、いわゆる「文献史学」を重視する歴史学者たちから、「物的証拠に乏しい研究は、正統な歴史学ではない」と批判を浴び、永く無視され続けてきた。それでも、

私たちは一〇体の遺骨を発掘し、追悼碑と墓を建立してきた。これがＮＨＫ教育テレビに注目され、二〇二三年一〇月「こころの時代」で、全国に放映された。

「小指の骨ひとつ残さず拾って」—宗教家の訴え

常紋トンネルの運動は、歴史を志す者と宗教者が共同で運動を進めた点で、特異性を持つ。歴史を志す者は、そこで犠牲になった者の数に注目しがちである。だが、宗教家は違う。

一般に、日本人は、死の間際、畳の上で肉親に手を握られ、あの世に旅立つことを至上の喜びとする。しかし、常紋の死者たちにはそれが許されなかった。彼らは葬式さえ挙げてもらえないどころか、逃亡に失敗した者など、トンネルのレンガの奥に生きたまま埋め込まれさえした。このため、常紋トンネルは、「幽霊伝説」の地として知られ、死者たちの無念の想いが漂っていると言われ、当時の国鉄職員でさえ、彼の地への転勤を嫌った。

宗教家たちは、死者たちにどのように向き合おうとしたのか。発掘に先立ち、ある尼僧は語った。「きょうこれから掘るお骨は、皆さんの親・兄弟のものだと思って、指の小骨ひとつ残さず拾い上げてほしい」。発掘には小学生の女子児童も参加していた。親族の葬儀にさえ参加した経験がない彼女たちは、初めは軍手をはき、恐る恐る小石の中から小骨を選り分けていた。やがて彼女たちは、軍手をぬぎ素手で骨を拾うようになった。

彼女たちは骨を掘りながら、次第に死者の無念の想いを我が想いにしたのだと思う。教科書で学習する歴史と、実際に死者の骨を拾って学ぶ歴史は異なる。後者の思索のなかで、人は殺された者の無念を理解し、再び人間の尊厳が踏みにじられない社会の実現を誓う。この歴史に対する意識変革が、一九八〇年の追悼碑と墓の建設へと実る道を切り開いた。

監獄部屋労働者の書簡が現れる

冒頭でも述べたが、常紋トンネルに関わる運動で強調すべき点は、差別意識と対峙してきたことだ。監獄部屋労働者に対する差別意識が現在でも根深いことを心配した識者たちは、果たして寄付で追悼碑や墓を建てることができるのだろうかと危惧していた。実際、監獄部屋労働者をいまだに「タコ」と表現する研究者が少なくない。繰り返しになるが、差別用語であるこの言葉を私たちは口にしない。

私たちは常に、無念の死を遂げた人たちを追悼し、供養する気持ちで遺骨を掘り続けてきた。ある日、これが新聞記事となり、これを読んだ人のなかに元監獄部屋労働者の（故）石島福男《いしじまふくお》さんがいた。

発掘現場で発表された石島書簡と
石島氏の遺影を抱える夫人

石島さんは、岡

山県の農家の二男であり、畑を分けてもらえず、家出同然で、上野公園で一夜を明かしたのだが、その後、常紋トンネル近くの監獄部屋へと「連行」されたという。だが石島さんは幸運なことにも、生き延び、その後、北見で定職につくことができた。ただ彼は生前、自分が監獄部屋で働いていたことを、妻にも家族にも語らなかったそうだ。

私たちが石島さんの話を知ったのは、お亡くなりになった後、彼の遺品を整理した家族からである。実は石島さんは、岡山の親戚には、家出を詫びるとともに、常紋の監獄部屋の粗食、重労働、リンチの実態などを記述した手紙を送っていた。手紙が岡山から返送された後、石島さんは生前それを大切に保存していたそうだ。手紙とともに、私たちの発掘記事が挟まれており、家族によれば、父も発掘に行きたかったに違いないと、手紙の公表を決意した。私たちが差別意識を持ち続け「文献史学」に固執していたなら、手紙は世に現れなかっただろう。

派遣労働者の激増が日本の人口減少を招く

常紋に碑と墓が建ったのは一九八〇年のことである。しかし、その五年後、労働者派遣法が成立した。私たちは「監獄部屋の再来」と強くこれに反対した。このとき、民衆史を異端の歴史学と批判してきた中央の歴史学会から、反対声明が出されたかどうかを私は知らない。これを阻止すべくストライキを打った労働組合があったかどうかもまた知らない。報道機関はどうだったろう。結果として、今日、全労働者の四割が派遣を含む非正規労働者となった。年収二〇〇万円の派遣労働者が、結婚できるのか、子どもをつくれるのか。今日の少子化の主たる原因は、派遣労働者の激増にあろう。このままでは二〇六〇年の人口は九六〇〇万人にとどまるという予想もある。

私見を述べれば、日本は派遣法の成立を許したがゆえに、破滅への道を突き進んでいる。これらの流れを止めるためにも、私たちは監獄部屋の歴史に一度、立ち戻って、未来を考えてみるべきだろう。

（中川功）

■参考文献
『常紋トンネルを知っていますか？』本多立太郎対談シリーズ1 別冊、編集工房らぴす、二〇一〇年。
中川功『常紋トンネルで なぜ労働者は死んだか』北見市総務部市史編さん室、二〇一八年。

V　韓国の歴史博物館から見た「記憶」

このブックレットでは、主に北海道と九州の開拓地・炭鉱の現場を通して「ダークツーリズム」「境界」をキーワードに多様な視点から「歴史」が語られている。現場を直接訪れ、そこで目にした碑文または資料、さらには当事者たちの口述などを元に「歴史」が再現されている。本章では、これまでの章とは異なり、韓国から眺める「歴史」について紹介することとする。韓国・朝鮮半島からは多くの人々がさまざまな理由で北海道や九州の炭鉱にて労働に従事することになり、これまでの章で語られた「主人公」の一部も朝鮮半島出身者であった。そこで現在、彼らが韓国でどのように語られているのか、また、どのように記憶されているのかについて検証してみようというのが本章の目的である。とくに「歴史」を再体験し、教育の場として活用されている二つの歴史館・博物館を中心に、その一部を紹介することとする。

「国立日帝強制動員歴史館」

設立の目的と背景

釜山《プサン》市南区の「国連墓地」近くに位置する国立日帝強制動員歴史館（以下、歴史館）は、「世界人権デー」の二〇一五年一二月一〇日にオープンした。歴史館のパンフレットによると、「日帝強占期の強制動員の被害者のうち約二二%が慶尚道出身だったこと、海外への強制動員の被害者がほとんど釜山港を経由して動員されたという歴史性を考慮し」、釜山市に建設された。

この歴史館建立計画が持ち上がったのは二〇〇七年五月のことであり、この時期は盧武鉉《ノムヒョン》（노무현）大統領期に該当する。盧武鉉大統領は、彼を主人公とした映画『弁護人』を見てもわかるように、軍事政権時代に人権弁護士として釜山で活躍しその後政界入りを果たした人物であり、過去の人権侵害事件の真相究明や名誉回復などの過去清算政策を積極的に進めた大統領である。二〇〇四年盧武鉉大統領時代に制定された「日帝強占下強制動員被害真相究明などに関する特別法」は数回に渡り改正され、文在寅《ムンジェイン》（문재인）大統領期の二〇一八年に最後の改正を経て現行の「対日抗争期強制動員被害調査及び国外強制動員犠牲者など支援に関する特別法」（強制動員調査法）の形に至っている。それに伴って、二〇〇四年に発足した「日帝強占下強制動員被害真相究明委員会」による真相究明、犠牲者・遺族への支援事業は、二〇一〇年以降、「対日抗争期強

国立日帝強制動員歴史館

制動員被害調査及び国外強制動員被害者など支援委員会」（以下、この二つをまとめて「支援委員会」とする）へと引き継がれた。本歴史館は、このような過程の一環として二〇一五年釜山にてオープンした。

この歴史館の建設目的は「日帝による強制動員について広く知ってもらうため」であり、「日帝が強制的に人々を動員するためにどのようなことをし、強制動員された人々はどのような体験をしたかを知るための空間」となっている。そうすることによって、人々が「かつての歴史を明確に知り、人権と平和について考える機会を提供」することを目的にしている。歴史館前に建てられている石碑にも、「この歴史館は、日帝強占期の強制動員の歴史の真実を明らかにし、これを整理することによって、後世のための教育の場を作り、人権と正義を愛するすべての人々に教訓を残すために建立された」（二〇一四年五月一五日、対日抗争期強制動員被害調査及び国外強制動員犠牲者など支援委員会）と明記されている。

日帝強制動員被害者支援財団

前述の強制動員調査法にもとづいて二〇一四年六月二日に設立されたのが日帝強制動員被害者支援財団であり、歴史館はこの財団の管理のもとにある。財団の主な事業は、「日帝強制動員被害者・犠牲者・遺族に対する福祉支援」「追悼及び強制動員被害関連の文化事業・学術事業・研究・調査」などである。そして、「国民統合と平和、人権伸長に寄与する」ためのさまざまな事業にも取り組んでいる。その一つが、歴史館の運営管理事業である。

そして二〇二二年二月に財団の事業として「被害者と遺族に対する被害補償と弁済」が追加された。つまり、財団は日韓外交関係の悪化をもたらした二〇一八年の韓国大法院（最高裁判所に該当）の一連の徴用工判決に対する解決案として韓国政府が打ち出した「第三者弁済」の実施母体でもある。

UN平和特区内の歴史館

筆者が二〇二三年一〇月二二日に歴史館を訪問した際、駐車場には観光バスが五～六台停まっており、歴史館の中には小学生たちが多数いた。案内係に聞いたところ学校単位で歴史館を訪れる小学生は多く、七階の「子供体験館」には「体験や遊びを通して強制動員の歴史を学び、感じることができる空間」（歴史館パンフレット）として体験プログラムが準備されているという。また、日本からの来館者も多いが、その大部分が年配者であるということであった。

歴史館は、国連墓地を見下ろす位置に建設されており、隣には国連平和記念館が並んでいる。釜山市はこの一帯をUN平和特区に指定しており、意図的にこの場所を選んで歴史

歴史館の外でも強制動員について知ることができる。

館を建立したかのように思われたが、関係者に確認したところ単なる偶然に過ぎないということであった。しかし、国連墓地を訪問した人々がついでに歴史館を訪問するケースもあり、それなりの効果はあるようである。

国連墓地正門から道路を渡り傾斜のある坂を二〇分ほどゆっくりと登っていくと、歴史館が見えてくる。歴史館の横には長い階段があり、その側面には強制動員に関する基本的な知識を得ることができるよう説明文とイラストが添えられている。

歴史館内の「記憶」

エレベーターで四階に上がると、受付カウンターとパンフレットなどの資料が配備されている広い空間に足を踏み入れることになる。そこには、見学に訪れた小学生らが絵本などを読むことができるように、「学びの場」となっている。

四階は常設展示室となっており、暗い通路を進んでいくと、当時の様子がナレーションで流れてくる。「日帝強制動員とはなんなのか?」から始まる展示は、韓国語・英語・日本語・中国語で説明されている。説明によると、歴史館が定義する強制動員は「日本がアジア・太平洋地域で侵略戦争を遂行するために行った人的・物的動員および資金統制など」を指す。この定義にもとづき歴史館には、日本の炭鉱や工場での労働に従事することになった人々だけではなく、慰安婦に関する展示も同時に並んでいる。日本では、徴用工問題と慰安婦問題は別問題という認識が強く、強制動員というと徴用工問題をイメージしやすいが、ここでは慰安婦も含めて展示されている。日本による強制動員の実例としてこの二つの問題を同時に扱っているのがこの歴史館の特徴の一つでもあろう。

常設展示室には、当時の写真やポスター、当事者たちの証言などを通して、強制動員に関する基本的な知識を学ぶことができるように展示されている。

また、当時の様子だけでなく、「終わらない日帝強制動員」というタイトルで、戦後の真相究明や日韓会談・請求権協定の締結に関しても詳細な展示が並べられている。そこでは、一九五一年から国交正常化と戦後の補償問題を議論するための日韓会談が開催され、その結果、一九六五年に国交正常化のための日韓基本条約と付属協定の一つとして請求権協定が締結されたこと、この協定によって日本から韓国へ無償三億ドル、借款二億ドルを提供することが合意されたこと、それらの請求権資金は、製鉄所や高速道路建設などの経済発展に優先的に投資されたこと、そして、その資金の一部は一九七五年以降韓国国内法にもとづき強制動員によって死亡した被害者遺族に支給されることになったことが説明されている。しかし、慰安婦問題は日韓会談の過程でも扱われていないと明示することによって、慰安婦が他の強制動員とは区別された「反人道的な強制動

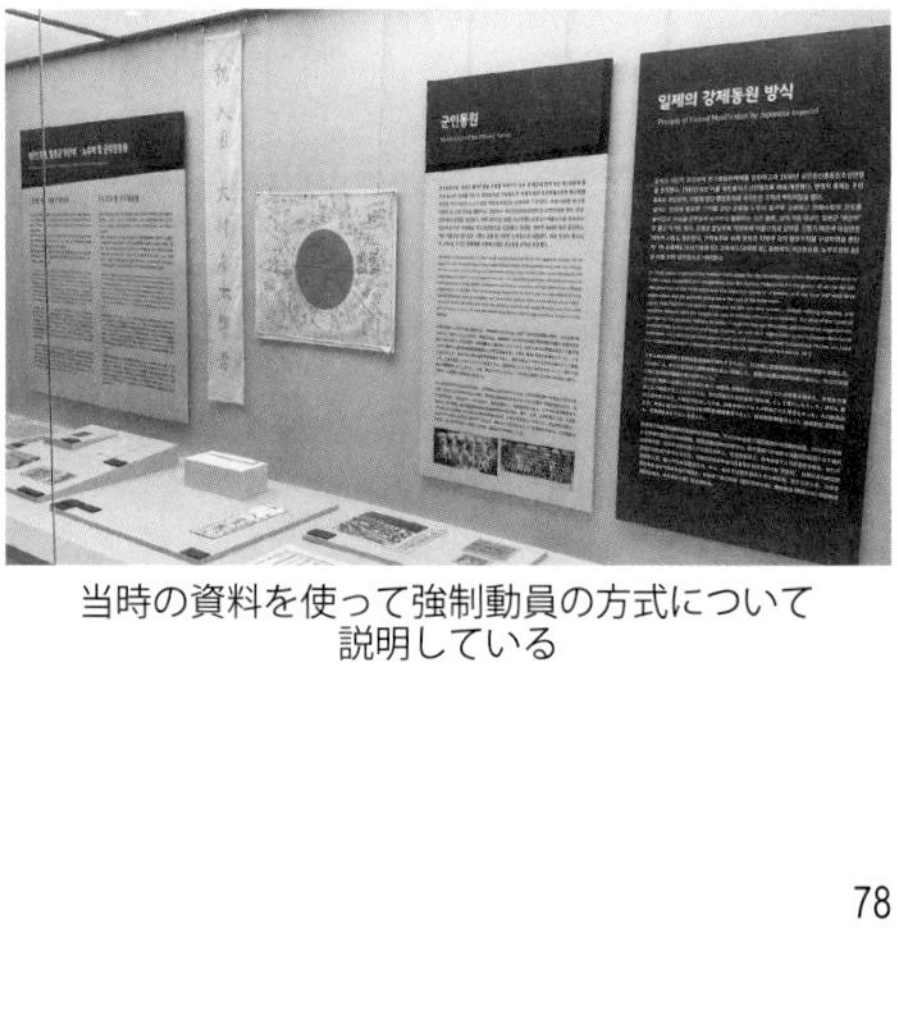

当時の資料を使って強制動員の方式について説明している

員被害者」であると強調している。

続けて、支援委員会による強制動員被害者と遺族への慰労金の支払いが二〇〇八年に始まったと説明されている。しかし、このような慰労金の支払いが始まったこと自体、当事者に知らされていなかったり、強制動員を証明する資料の不足により、二〇一二年六月末時点で受理された件数は一〇万件にしかすぎず、朝鮮半島内で動員された人や生還したのちに死亡した人は、その対象から除外されており、遺族らは悔しい思いをしたと言われている。

このような韓国国内での支援活動の一方、日本・米国・韓国における裁判闘争を「加害と責任、権利を求めるための裁判」というタイトルで紹介している。そこでは、一九五二年以降、「日本の良心的な市民団体」が、原爆被害者問題、慰安婦問題、厚生年金問題、靖国神社への無断合祀問題、浮島丸爆沈事件など強制動員被害に関する一連の訴訟を提起するも、ほとんど全てが棄却され、被害者の一部は米国でも法廷闘争を行ったが挫折することになったと説明されている。一方で、このような訴訟の努力が二〇〇四年韓国での強制動員真相究明機関の樹立へつながったとも評価している。

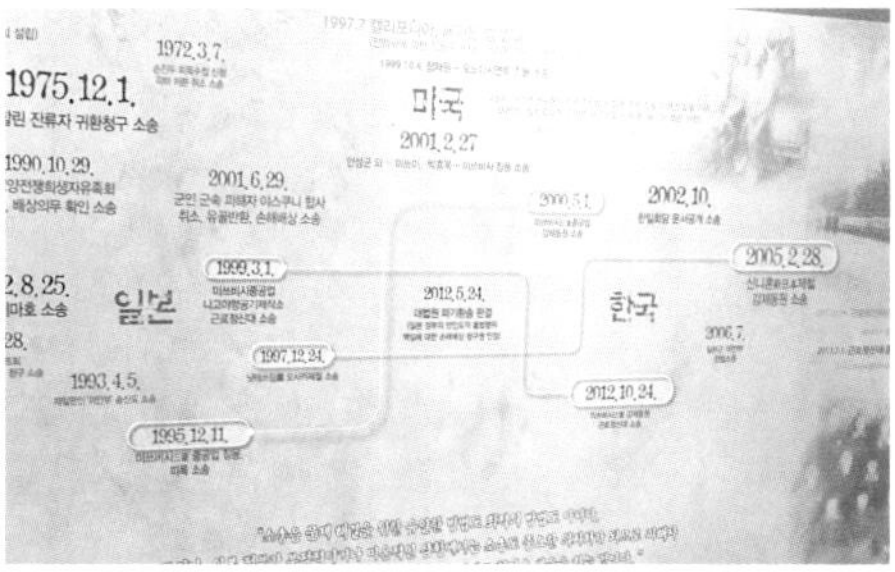

日本・アメリカ・韓国での法廷闘争の流れ

そして、日米での訴訟の延長線上に韓国国内での裁判闘争を位置付け、「戦後最悪の日韓関係」と呼ばれる二〇一八年以降の日韓外交関係悪化の原因でもある韓国大法院の判決文を紹介している。「日本の国家権力が関与した反人道的な不法行為や植民地支配と直結した不法行為による損害賠償請求権が一九六五年の請求権協定の適用対象に含まれたと見ることは難しく、請求権協定によって強制動員など個人の請求権は消滅しない」と。

また「日本の良心的な市民団体」の活動を紹介する一方で、「隠れた加害者、強制動員現存企業」というタイトルで加害企業が現在二九九社残っていると指摘し、具体的な企業名として「麻生セメント」などが紹介されてもいる。

しかし、加害企業への言及以上に目を引くのが、「良心的な日本人」「真相究明に努力する日本人」像への言及である。「日本市民が作った『強制連行資料館』」というタイトルのパネルでは、一九七六年に殿平善彦《とのひらよしひこ》などが北海道朱鞠内《しゅまりない》の光顕寺本堂で木の位牌を発見し、その後四度にわたる遺骨発掘作業を主管してきた空知の民衆史講座が一九九五年に光顕寺に強制連行資料館を建立し、「平和の大切さと歴史の真実を振り返る体験の場として活用している」と紹介している。

さらに、「日本、良心の声」と題して、顔写真付きで強制動員問題の解決に努力してきた人々を紹介している。そこでは、日本の帝国主義が周辺国家に侵略し苦痛を与えたこと、現在も日本政府と一部の政治家が侵略そのものを否定していると説明した上で、「その一方で、人類の普遍的な価値と良心を守るために、汚れた日本の歴史の鏡を拭き取ろうとする日本人がいる」と強調する。具体的には、沖縄から北海道まで強制動員の現場で遺骨発掘作業を行い、日本政府と企業を相手に訴訟を提起し、「正しい歴史教育のための先頭に立ち」、「歪んだ日本社会の歴史認識から目をそらさず、良心の声で誤りを正そうという彼らに、世界市民は支持と声援を送っている」と大きく評価している。つまり、日本政府・一部の議員や加害企業を「悪者」、一般市民を「良心の人々」と描くことで単なる反日教育ではなく、人権尊重または反帝国主義という構図で説明をしている。もちろん、その背景には、この展示内容こそが「正しい歴史」であるという前提があるのではあるが。

「良心的な日本人」

　五階に上がると、強制動員の過程が多数の写真を通して紹介されている。「悪名高い朝鮮人労働者の宿・タコ部屋」と銘打って写真・図面・模型を展示し、当時の生活環境がいかに劣悪であったかということを視覚で訴えている。炭鉱の中を実際に体験できるように再現した通路に入ると、当時の写真が飾られているだけでなく、音声による説明も流されており、五感に訴える工夫が施されている。また、そのまま通路を進むと、鉄条網の中にある慰安所の建物も展示されている。

　六階は、企画展示室になっている。筆者が訪れた二〇二三年一〇月は「私たちは記憶します～日帝強制動員被害者を追慕しつつ～」と題して、強制動員被害者の生々しい証言などをもとに詩人らによる追慕文がカリグラフィーとして展示されていた。

「植民地歴史博物館」

　国立の歴史館とは異なり、強制動員に関する資料などを展示している民間の博物館がソウルにある。二〇一八年八月二九日にオープンした「植民地歴史博物館」。同博物館は、財団法人「歴史と責任」の傘下に設置されているが、そもそもの始まりは民族問題研究所の開設にあるので、まずはこの博物館を管理運営する民族問題研究所の紹介から始めたい。

　一九九一年に設立された民族問題研究所は、当初「反民族問題研究所」としてスタートした。その契機となったのは、林鍾國《イムジョングク》の死であった。一九八九年十一月十二日に死亡した林は、親日派研究に生涯を費やした人物であった。彼の死後、その意志を継いで「反民族問題研究所」が設立されることになった。「親日派」とは、植民地時代に日本に協力した人々のことを指す用語であるため、親日派の行為は「反民族行為」となり、親日派は「反民族行為者」を意味する。林の研究をもとにして、同研究所は親日派の一覧をまとめた『親日人名辞典』を発刊してもいる。反民族的行為を調査することは、日本による植民地支配行為を研究することでもあるため、強制動員問題に関する調査研究も活発に行なっている。一九九五年に現在の「民族問題研究所」へと名称を変更し現在まで活動しているが、研究所の目的は「近現代史の真実を究明し、民族史と民族文化の定立に寄与し歴史正義を実現すること」であり、その一環としてこの博物館が開設されることになった。

　前述したように、釜山の歴史館とは異なり、植民地歴史博物館は民間で運営されている。そのため、資金面については、その一部を後援会員からの寄付に頼っている。後援会員には「定期後援」と「一時後援」があり、定期後援の寄付金は月一～一〇万ウォンまたは自由に設定することができ、一時後援の金額設定も同様である。定期後援会員は、博物館主催のイベントに安く参加することができる。参考までに、二〇二二年の寄付金収益は約一億二千万ウォン（約一五〇〇万円）で、事業収入の約一割を占めている。

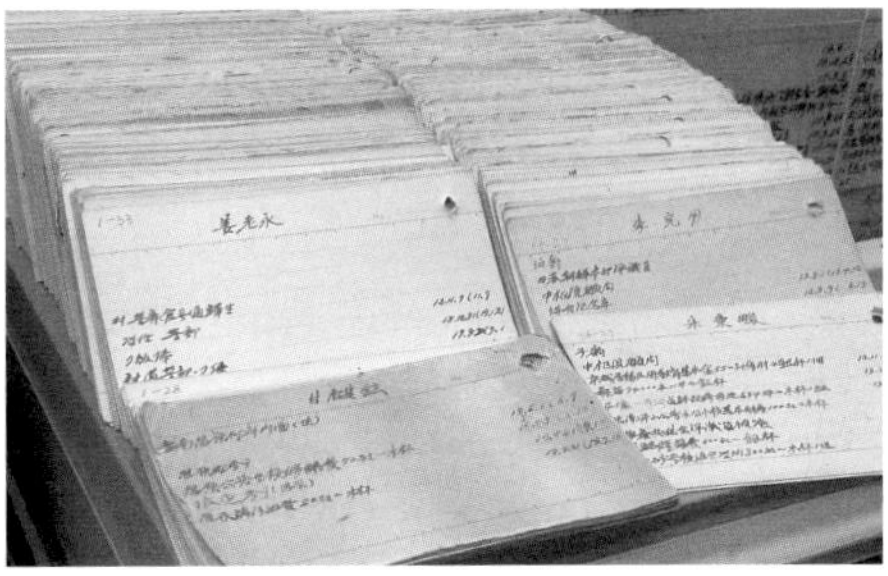
「親日派」一人一人について調査したメモ

博物館紹介

　二〇二三年九月一一日（月）午後、民族問題研究所対外協力室長の金英丸《キムヨンファン》氏の案内で博物館を見学した。博物館はソウル市龍山《ヨンサン》区に位置し、淑明《スンミョン》女子大学校の近くにある。博物館が建っている場所は、植民地からの解放後に親日派を処罰するために設置された「反民族行為特別調査委員会本部」跡でもある。大学前の賑やかな通りから入ってすぐにあるこの博物館の入り口には、韓国人のみならず、多くの日本人・団体の名前を含む寄付者の名簿が刻まれている。

　博物館の中に入ると、一階の広いロビーでは二〇二二年一〇月二九日に発生した「ソウル梨泰院《イテウォン》雑踏事件」に関するイベントの準備中であった。本博物館では、日本の植民地に関する展示だけではなく、現在の韓国社会が抱える重要なイシューについても扱っているとのことである。もちろん、この梨泰院事件については、事件現場と近かったというのも一つの理由のようではある。企画展示室では、関東大震災一〇〇年ということで「関東大虐殺の実像」というテーマのパネルが展示されていた。

　一階のロビーを通って二階に上がっていくと、常設展示館に到着する。「日帝はなぜ朝鮮を侵略したのか」から始まる展示は多様な展示物と詳細な説明が付されている。釜山の歴史館との違いは、親日派に焦点が置かれていることであろう。前述した『親日人名辞典』作成のために集めた資料も展示されている。また、強制動員訴訟に関する展示も詳細にされており、年表とともに会報誌や被害者らの抗議活動の写真などが所狭しと飾られていた。

　三階には、民族問題研究所が入っている。研究所内では、植民地期資料の保管とともに過去清算関連の専門家が研究活動を進めており、研究者のネットワーク構築や学術活動のサポートを行なっている。

　四階の資料室には多数の寄贈資料や図書・資料が保管されてお

り、アーカイブ化されたこれらの資料は閲覧も可能である。また、訴訟資料も全て所蔵されており、慰安婦問題や徴用工問題に関する裁判資料も整理保存されている。

釜山の歴史館と比べると、こちらの博物館は研究の進捗状況や被害者への支援活動などの紹介がメインで、歴史館のような小学生を対象とした「学びの場」としての雰囲気とは距離があるように感じられた。博物館が民族問題研究所を核とした「問題解決のための拠点」であるとすれば、歴史館は「国民の学びの場」であり、すみわけを行っているように思われる。

「抗日通り」と「労働者像」

これまで見てきた歴史館や博物館以外にも、韓国国民が日本植民地期の出来事について知るきっかけとなる場が韓国国内には数多くある。代表的なものが、「徴用工像」と呼ばれる労働者像と「慰安婦像」とも言われる少女像である。

例えば、釜山市中心部にある在釜山日本国総領事館近くには、「抗日通り」と呼ばれる一帯があり、そこには労働者像と少女像が設置されている。写真（次頁）の労働者像が向いている先に領事館が位置し、その目の前に少女像が領事館の方を向いて座っている。少女像の右後ろには元慰安婦の金福童《キムボクトン》氏の遺言の一部が刻まれており、そこには「日本軍『慰安婦』問題の解決のために最後まで戦ってくれ」と書かれている。

労働者像の土台部分には二〇一八年五月一日付で「私たちは、この地の労働者たちの悲痛な声を記憶します。『自らの意思』ではなく『強制』により慣れない土地に連れて行かれ、家族に一目会うことだけを望んでいた、温かいご飯に肉の入ったスープ一杯食べることを望んでいた彼らのことを忘れません。彼らの恨みのこもった場所が、誰かの自慢の場と記憶されないことを、彼らの無念にそのまま蓋をしてしまわないことを願い、平和が花咲く春を夢見る市民たちの思いを集め、強制徴用労働者像を建てます」と刻まれている。

日本領事館前に設置された少女像

この労働者像の設置をめぐっては、行政側と設置を希望する市民との間で何度もトラブルとなっている。当初、労働者像は二〇一八年五月一日、日本領事館前の少女像の横に設置される予定だったが、警察の阻止によって頓挫した。そこで二〇一九年三月一日、市民たちが現在の位置に許可なく設置したものの、所管する東区庁、釜山市との話しあいは難航した。交渉は続き、四月一一日に市民団体と東区庁は、近隣の公園に像を設置することで合意したが、釜山市がこれに反対した。四月一二日夕方、釜山市は市民団体関係者の反対を押し切り、職員約五〇名を動員して行政代執行を強行、労働者像を歴史館の一階へと移した。釜山市は「造形物設置のための法的手続きを経ない不法造形物については行政措置を避けることはできない状況だった」と理由を説明した。

翌週、市民団体関係者は市長との面談を求め、市庁ロビーなどで抗議集会を開催し、一部は市庁七階の市長室前まで入り込んだ。結局、四月二四日に労働者像が市民団体へ返還され、現在の位置に再度設置されるに至った。この間、市は日本との外交問題などを考慮して歴史館に設置すべしと主張するも、市民団体は少しでも日本領事館の近くに設置するべきと双方が譲らず、このような混乱を招いた。

労働者像の視線の先に少女像（右）と日本領事館（左）が位置する。「抗日通り」の文字も

その後、二〇二二年五月、労働者像の後方に日の丸と韓国国旗が掲げられ、「抗日通り」ではなく「和解通り」だとする垂れ幕が掲げられた。この時期、極右団体が少女像の前で「慰安婦は詐欺」といった趣旨の集会を開催するなど、徴用工被害や慰安婦被害を認めない人々による抗議集会も開催された。日本からは韓国における「反日教育」「反日行為」ばかりが注目されているが、現場では、それに反対する動きが目立ち始めている。

植民地時代の強制動員や慰安婦被害が、日本と韓国における歴史問題として現在の外交問題に多大な影響を与えているのは事実である。他方で、日韓のみならず、韓国のなかでも対立の構図が生じていることを知ってほしい。

（木村貴）

■参考文献
国立日帝強制動員歴史館パンフレット（日本語版）
国立日帝強制動員歴史館ホームページ
日帝強制動員被害者支援財団ホームページ
民族問題研究所ホームページ

コラム　釜山名物　テジクッパ／ミルミョン

植民地時代、多くの人々を日本へ送り出す半島側の窓口となった釜山市であるが、植民地独立後の朝鮮戦争期には、臨時首都でもあった。この時期、二つのソウルフード、今や釜山名物とも呼ばれる食べ物が誕生した。テジクッパ（돼지국밥）とミルミョン（밀면）である。

映画『弁護人』で描かれる二つの釜山名物

盧武鉉元大統領の弁護士時代の実話にもとづき釜山を舞台に描かれた映画『弁護人』（二〇一三年、主演ソン・ガンホ）。日本でも二〇一六年に公開されたが、この映画のなかで、テジクッパとミルミョンは釜山市民の身近な食事として登場する。テジクッパは、昼食シーンに何度も出てくるだけでなく、司法試験の勉強をしていた貧乏時代、主人公が食い逃げをし、店にツケを払うべき金で、一度は質入れした受験勉強用のテキストを古本屋から買い戻し、無事合格した数年後にそのツケを払いに行った主人公を暖かく迎え入れる情に深い女店主とのやりとりもテジクッパ屋。マスコミが軍事政権によって牛耳られていることをめぐって、主人公が同級生と殴り合いの喧嘩をするのもテジクッパ屋。金儲けしか頭になかった主人公が「人権弁護士」として生まれ変わるきっかけを作ったのもテジクッパ屋。テジクッパ屋は、映画のあらゆるシーンで主人公の人生を大きくかえる舞台の一つとして登場する。それほどテジクッパ屋は釜山市民にとって身近な存在として描かれている。筆者も留学時代には週に三～四回は朝食・昼食・夕食問わず足繁く通っていた。福岡出身の筆者にとって、懐かしい豚骨スープは留学生活の合間に故郷の味を味わえる憩いの場でもあった。

テジクッパ　その1

一方のミルミョンは、警察捜査官らが大学生（テジクッパ屋の息子）を拷問し、軍医にこれ以上の拷問をやめるようにと忠告されたあと、捜査官らが釜山名物を食べに出かける時に登場する。こちらは「釜山に来たら、これを食え」と言われる名物の一つとして描かれている。

体の芯から温まるテジクッパ

テジクッパの「テジ（돼지）」は豚、「クッパ（국밥）」はスープ（국）とご飯（밥）の意味で、「スープご飯」または「汁かけご飯」の意味である。直訳すれば、「豚のスープご飯」ぐらいであろうか。カルビタンやソルロンタンなどは韓国どこでも食べることができるが、

このテジクッパは釜山地域でしか食べられない。写真にあるように、豚肉が入ったスープと銀の器に入ったご飯がメインで、そのまわりにそうめん、ニラ、カクテキ、ニンニク、アミエビの塩辛が置かれており、好みに合わせてそれらを混ぜて味を調整して食べる。他の店では辛い青唐辛子も出てくる。

サムギョプサルなど豚料理の種類が豊富な韓国であるが、なぜ釜山にしかこのテジクッパがないのだろうか。冒頭で紹介したように、その起源は一九五〇年に勃発した朝鮮戦争にあると言われている。北朝鮮軍の急襲と猛攻により最南端の釜山にまで追い詰められた韓国は、戦線の南下にともない釜山に多くの避難民が集まるようになった。当時食糧難だった釜山において、米軍から流れた豚骨を使って作ったのがテジクッパの始まりと言われている。

テジクッパ　その２

筆者が留学していた二〇〇〇年前後には、大学前で二五〇〇ウォンで手軽に食べることができ、一人で気楽に食事ができるテジクッパだったが、今ではその値段も八〇〇〇ウォン前後となり、決して安い食べ物とは言えない値段になってしまった。釜山に行くたびに、この二〇年間の韓国の経済成長と物価高を実感しつつ味わうことになった。

余談にはなるが、昼食時に韓国焼酎を飲みたくなった時は、テジクッパ屋がお勧めである。明るい時間から、茹でた豚肉のスユク（수육）と一緒に飲む韓国焼酎は、夕食時に飲む韓国焼酎とは違い、ちょっと甘く感じるものである。

ミルミョン

もう一つの釜山のソウルフードであるミルミョン。夏はもちろん、真冬であっても釜山を訪れた際には必ず一度は口にしたくなる釜山の味である。

韓国の冷たい麺料理といえば、冷麺が有名であるが、おそらく釜山では冷麺以上にミルミョンを食べる回数が多いように感じる。ミルミョンと冷麺の最大の違いは、麺である。冷麺はそば粉などを原料としているのに対して、ミルミョンは小麦粉を原料としており黄色である。ミルミョンの「ミル」は小麦粉の韓国語である「ミルカル（밀가루）」の「ミル（밀）」から来ている。一見、日本のラーメンの麺と似ているようにも見える。

ミルミョンも釜山の代表的なソウルフードだが、なぜ、釜山なのか?やはり、テジクッパ同様、朝鮮戦争と深い関わりがある。朝鮮戦争の時期、

ミルミョン

朝鮮半島北部から避難してきた人々、とくに冷麺発祥の地、平壌の人々が故郷の味を再現しようとしたのが始まりと言われている。冷麺の材料であるそば粉やジャガイモが入手できなかった釜山で、米軍の援助物資だった小麦粉を代用して作られたのがこのミルミョンの起源と言われている。

この小麦粉で作られたミルミョンは、写真にあるように麺の上にキュウリやゆで卵が乗せられている。冷麺には牛肉が添えられているが、ミルミョンでは牛肉の代わりに豚肉である。やはり、これも先ほどのテジクッパ同様、発祥の経緯である朝鮮戦争による物資不足の影響であると思われる。

ミルミョンには、冷麺同様、「ムル（＝水）ミルミョン」と「ビビン（＝混ぜ）ミルミョン」がある。写真はムルミルミョンであまり辛くないが、ビビンミルミョンは辛い薬味と麺だけを混ぜて食べるので、ムルミルミョンに比べると辛い。どちらもお勧めだが、辛いのが苦手な人はムルミルミョンの方が無難であろう。

また、ミルミョンの食べ方で特徴的なのは、「替え玉」ができることだ。注文する時から多めに食べたいということであれば、大盛りを注文することができるが、食べ始めてから「あれ、ちょっと足りないな」と思えば、替え玉を注文することができる。韓国では、キムチなどのおかずのおかわりは無料で、また、ご飯の追加も有料でできるが、麺類の追加である替え玉は他の料理ではなかなかみることがない。冷麺で麺の追加ができるお店は筆者が知る限りではみたことがないが、逆にミルミョンで替え玉ができない店は少ない印象である。日本では福岡のラーメン屋さんで替え玉が普通にできるが、福岡から二〇〇キロの距離にある釜山で同様のサービスがあることは、何かの縁を感じるものである。

軍由来のプデチゲ

このように、釜山名物であるテジクッパもミルミョンも、民族の分断と戦争という悲しい歴史から誕生したものである。戦線の頻繁な変動により、避難生活を余儀なくされる人々の生活の知恵から生まれたテジクッパとミルミョン。これらの料理の誕生の裏には、米軍の存在がある。釜山名物ではないが、同じく米軍にその発祥の起源がある韓国料理をもう一つ紹介する。プデチゲ（부대찌개）である。プデ（부대）は、「部隊」の意味。ソーセージやスパムと豆腐、インスタントラーメンなどで作られた鍋料理

プデチゲ

であるが、安くてお腹いっぱいになるので、学生などがよく食べる料理の一つである。釜山大学に留学していた当初、あまりにも頻繁に食べにいくので、釜山大学の略称「釜大（プデ・부대）」と思い込んで、日本から遊びに来た友人に「釜山大学の名物」と紹介していたのは私の恥ずかしい記憶の一つである。名前からもわかるように、その発祥については軍隊と深い関係があると言われている。テジクッパやミルミョン同様、朝鮮戦争後の物資不足の時代に米軍から流れてきたソーセージなどを入れて作るようになり、庶民に愛される食べ物になったプデチゲ。ぜひ、韓国に行った際には、テジクッパやミルミョンとともに、分断国家韓国が産んだ料理プデチゲも食してほしい。

（木村貴）

執筆者一覧

山田良介《やまだりょうすけ》　：九州国際大学教授

花松泰倫《はなまつやすのり》　：九州国際大学教授

大和裕美子《やまとゆみこ》：九州共立大学教授

中山大将《なかやまたいしょう》　：北海道大学准教授

木村《きむら》　貴《たかし》　：福岡女子大学教授

岩下《いわした》 明裕《あきひろ》　：北海道大学／長崎大学教授

コラム

今野久代《こんのひさよ》　：博物館網走監獄副館長

野本和宏《のもとかずひろ》　：月形町学芸員

山田雄三《やまだゆうぞう》　：福岡大学助教

藤村一郎《ふじむらいちろう》　：鹿児島大学准教授

山口一樹《やまぐちかずき》　：夕張市学芸員

野田真衣《のだまい》　：荒尾市学芸員

中川《なかがわ》　功《いさお》　：元オホーツク民衆史講座会員

ブックレット・ボーダーズ　No.11

ダークツーリズムを超えて――北海道と九州を結ぶ

2024年11月10日　第1刷発行

編著者　山田良介

発行者　田村慶子

発行所　特定非営利活動法人 国境地域研究センター

〒451-0066　名古屋市西区児玉一丁目17番16号

tel 052-982-7827　fax 052-982-7828

http://borderlands.or.jp/　info@borderlands.or.jp

発売所　北海道大学出版会

〒060-0809　札幌市北区北9条西8丁目北大構内

tel. 011-747-2308　fax. 011-736-8605

https://www.hup.gr.jp/

装丁・DTP編集　ささやめぐみ

印刷　(株)アイワード

ISBN978-4-8329-6900-1